学前教育理论与课程开发

丁　洁　谢盼盼 ◎ 著

武汉大学出版社

图书在版编目(CIP)数据

学前教育理论与课程开发/丁洁,谢盼盼著. —武汉：武汉大学出版社,2024.12

ISBN 978-7-307-24107-7

Ⅰ.学… Ⅱ.①丁… ②谢…Ⅲ.①学前教育—教育理论—研究②学前教育—课程—教学研究 Ⅳ.G61

中国国家版本馆 CIP 数据核字(2023)第 212557 号

责任编辑:周媛媛 责任校对:牟 丹 版式设计:文豪设计

出版发行:**武汉大学出版社** (430072 武昌 珞珈山)

(电子邮箱:cbs22@whu.edu.cn 网址:www.wdp.com.cn)

印刷:武汉图物印刷有限公司

开本:720×1000 1/16 印张:13.75 字数:194 千字

版次:2024 年 12 月第 1 版 2024 年 12 月第 1 次印刷

ISBN 978-7-307-24107-7 定价:79.00 元

前　　言

　　学前教育在国民教育体系中占据着重要的地位，也是人生教育的基础环节，建设与优化学前教育理论体系与课程开发是学前教育发展的关键。目前，我国学前教育正处于快速发展阶段。随着社会经济的蓬勃发展，以及人民物质生活水平的不断提高，优质的学前教育成为人民群众关注的焦点。但是，现阶段我国学前教育在发展中仍然面临着一些现实困境，学前教育的发展形势不容乐观。因此，需要加大对学前教育理论的研究，并且深入探索学前教育课程开发。学前教育课程开发是学前教育课程理论转化为课程实践的重要载体，对学前教育课程开发进行深入研究具有鲜明的价值与意义，在儿童发展中起到了重要的影响和作用。学前教育是培养儿童创造力的关键时期，但是目前关于学前教育课程开发的研究相对较少。据此，本书基于学前教育理论，深入探讨了我国学前教育发展的现状，对比分析了国外学前教育课程，并且探索了我国学前教育课程模式的演变，以学前阶段"学思维"活动课程为例，分析了学前教育课程的具体设计与开发，以期为我国学前教育课程的进一步发展与完善提供有价值的参考依据。

　　本书由塔里木大学的丁洁和谢盼盼负责编写。其中，丁洁负责前言、第一章至第四章内容的撰写工作（约13万字）；谢盼盼负责第五章至第六章及结语的撰写工作（约8万字）。由于时间仓促，加之作者水平有限，书中难免存在不足之处，恳请读者批评指正。

作者简介

丁洁，女，汉族，1989年出生，河南省罗山县人，2014年获得西北师范大学教育学院教育学硕士学位。2014年8月就职于塔里木大学人文学院，担任学前教育专业专职教师。长期在一线从事学前教育教学工作，先后承担《学前儿童发展科学》《学前教育学》《学前儿童语言教育》《学前儿童社会教育》等课程的讲授工作。分别在《教学与管理》《电影评介》《教育教学论坛》《科教导刊》等期刊发表论文数篇。现阶段研究方向为：学前教育基本理论与实践，幼儿园课程与教学。

谢盼盼，女，汉族，1989出生，安徽青阳人，2020年7月获得安庆师范大学教师教育学院（学前教育）教育学硕士，2020年8月任职于塔里木大学人文学院，担任学前教育专业专职教师。先后担任《学前儿童行为观察与分析》《教育心理学》《教育研究方法》等课程的讲授工作，现阶段研究方向为：学前儿童心理学，学前教育基本理论。

目　　录

第一章 引 言

第一节 研究背景与意义

一、研究背景

《易经》称"蒙以养正，圣功也"。学前教育在我国学校教育及国民教育中占据着重要的地位，是教育的起始阶段，对人的全面发展发挥着重要作用。学前教育课程是学前教育的重点内容，为学前教育实践提供了发展方向，也成为开展学前教育实践活动的有效载体。学前教育课程模式本质上是课程理论朝着课程实践过渡与转化的纽带，对课程实践起到了规范化的作用。自1903年我国第一所学前教育机构——湖北幼稚园（今湖北省实验幼儿园）建立以来，我国学前教育事业已走过百余年的发展历程。总体来说，学前教育课程模式经历了三个发展阶段，分别是复苏阶段、多元化发展阶段、课程模式初步构建阶段。其中，第三次变革产生的影响更加深远，规模更大，涉及范围更广，变革时间更长，耗费的资源也更多，是学前教育课程模式十分重要的一次变革。今天，我们以全新的视角回溯我国学前教育课程模式的发展历程，欲对该段史实进行系统梳理，在了解发展概况的基础之上，探寻发展特征，总结发展经验，反思发展不足，希望对当前学前教育课程的改革工作有所启示。以下是研究学前教育课程模式的主要背景及当前我国学前教育课程建设存在的问题。

（一）我国学前教育课程史的研究尚需进一步深化

学前教育课程的演变在我国学前教育发展中起到了主导作用。关于学前教育课程的理论研究十分丰富，并取得了大量的研究成果，但不可否认的是，现有的研究仍然存在一些问题。通过对相关文献资料的整理与分析可知，在研究内容层面上，学前教育课程模式是课程研究的焦点，但是关于其发展史的专题研究相对较少。在研究时间层面上，学前教育课程发展史的研究多集中在21世纪初，针对近些年的研究力度普遍偏弱。学前教育课程模式是学前教育课程理论转化为实践的重要载体，对学前教育的整体效果与质量发挥着关键的影响作用。从历史出发，梳理我国学前教育课程模式的发展脉络，分析其演变的社会文化背景和价值诉求；把握典型学前教育课程模式的内涵与特性；探寻演变的特点，揭示演变的规律，总结演变的经验与教训，可进一步深化和完善我国学前教育课程史的研究。

（二）照搬照抄国外学前教学模式

自20世纪80年代中期以来，国外课程发展的理念与成功经验得到了早期教育课程专家、学者的关注与研究。国外拥有各种类型的课程模式，如蒙台梭利教育法、认知课程模式（如高瞻方案）、多彩光谱方案及瑞吉欧教育法（也称作方案教学或项目活动）等，这些课程模式均被引入我国，并且在教学实践中得到了应用，掀起了"蒙台梭利教育热"与"方案教学热"等浪潮。但是在实践的过程中，很多幼儿园并没有深入地研究与探索这些课程模式的内容、目标及应用流程，只是对这些课程模式的形式进行模仿，特别是模仿那些容易操作的部分，导致这些国外先进的课程模式没有在我国学前教育中得到充分应用，最终流于形式。

以蒙台梭利教育法在我国的实践为例，在所有引进的国外的学前教育课程模式中，蒙台梭利教育法可以说是在我国实践中应用最为广泛的课程模式。据不完全统计，我国已有1万个幼儿班进行过蒙台梭利教育法园本化实践。但是实践成效并不理想，在教学中教师更加注重蒙台梭利教育法教具的使用，但没有对蒙台梭利教育法的理念与内涵进行深入探索。他们致力于购买价值不菲的蒙台梭利教具，并将之视为蒙台梭利教育法的全部。我国学前教育在运用蒙台梭利教育法的过程中生搬硬套，形式主义严重。在为数不少的幼儿园里，儿童在摆弄了一个学期或者两个学期之后就对价值不菲的蒙台梭利教具失去了兴趣，有时甚至会把教具当成玩具，儿童操作的教具有时并不符合他们的年龄特征，而教师却常常把这些教具当作进行教学示范时的辅助材料。教具成了蒙台梭利教育法的中心，儿童在教师的教导下成了教具的"奴隶"。

针对上述情况我们需要思考，为什么一样的课程模式在我国无法得到有效的应用呢？我们应该如何学习国外先进的学前教育课程模式呢？如何学习才能利用国外先进的学前教育课程模式来解决中国学前教育的相关问题呢？很多学者针对这些问题进行了研究与分析，并获得了一致的结论——中国国情的特殊化是影响国外先进的学前教育课程模式应用效果的重要因素，只有实现国外学前教育课程模式的本土化，才能让这些课程模式在中国学前教育领域中得到充分应用，焕发鲜活的生命力。但是，如何才能实现这些课程的本土化，是要与国外学前教育课程模式的本土化亦步亦趋吗？答案是否定的，最正确的方式就是在借鉴与学习国外学前教育课程模式的基础之上，根据我国国情设计特色化的学前教育课程模式。

（三）盲目模仿和跟风

学前教育课程建设在实现本土化、园本化的过程中，应注重课程模式的多样化与个性化，这是学前教育课程模式建设所产生的积极结果。但是在具体的实践中，大部分幼儿园没有正确地认识课程模式多样化与个性化、本土化与园本化之间的关系，并没有积极地创建属于自己的园本化课程模式，而是过度追求课程模式的多样化与个性化，导致很多幼儿园的课程教学模式大同小异，不遗余力地追求不同形式的课程模式。由于没有深刻认识到课程模式的精髓，对自己园所的课程模式缺乏清晰的定位，结果往往是课程模式应用的低效化。访谈中一位教师的发言便反映了这一问题。

"我们的幼儿园经常会学习一些前沿理论与课程模式。以前我们学习综合主题教育，后来又举办活动区活动，再往后又举行创新教育、自主活动，现在大家又忙于学习瑞吉欧课程，在做方案活动。幼儿园似乎成了各种课程理论与模式的'试验田'。幼儿园如果不包装自己的课程，就显得你没有变革意识，不具备创新精神，而且上级机关在检查时，也往往把是否具有改革的动向作为一个指标，所以追逐时尚、看重形式已成为一种风尚，至于我们所要学习的那种课程模式的精神实质是什么，人们往往很茫然。"

从这位教师的发言中我们可以看出，虽然我国学前教育课程改革实现了课程模式的多样化，但并没有为幼儿园课程建设提供充分的支持系统，致使多数课程模式往往流于形式，昙花一现。先进的理论固然重要，但正如很多教师所表示的——"我们非常需要理论，但需要的是可操作的理论来进行实践的指导"。诸多前沿理论和课程模式的精神实质是什么？如何才能为我所用，融入自己的课程建设中？这才是幼儿园真正应该关心的问题，然而目前这方面的研究不足以为幼儿园课程建设提供支持。

（四）小学化倾向突出

《幼儿园教育指导纲要（试行）》指出："幼儿园应为幼儿提供健康、丰富的生活和活动环境，满足他们多方面发展的需要，使他们在快乐的童年生活中获得有益于身心发展的经验。"然而，现实情况却是很多幼儿园仍然重视知识的传授，小学化倾向严重。下面是几则报道。

报道1："我孩子8月份刚刚读中班，数学已经教到了20以内的加减法，不仅是中文的，而且要用英文做。"据《新闻晨报》报道，上海部分民办幼儿园过度追求按照小学学科开展教学活动，课程内容丰富，涵盖了识字、美术、音乐等。

报道2：山东省某幼儿园门口集聚了多位家长，他们正在抄录幼儿园的家庭作业。家长广告栏上写着：小班拼音"b，p，m，f"各写10遍；中班"人，口，天"各写20遍；大班"锄禾日当午，汗滴禾下土"写10遍，拼音"ao，ou，iu"写20遍。

报道3：无法想象的是，很多有名的幼儿园已经将识字与拼音作为重点教学内容，凸显了幼儿园教育的"小学化"，甚至一些重点幼儿园"小学化"已经到了无以复加的地步——算术都教到国家课程标准规定的二年级时才学的100以内的加减乘除了。

除媒体不断曝光的幼儿教育"小学化"现象外，诸多实证研究也表明我国幼儿园教育"小学化"倾向严重。如但菲等通过对沈阳市幼儿园的实际走访调查发现，当前幼儿园课程中普遍存在课程种类繁多、课程内容"小学化"倾向严重、教学活动过于饱和等现象。赵晓尹等对浙江省小规模民办幼儿园进行调研时发现，很多民办幼儿园一日活动的安排随心所欲，要么是"放羊式"，要么是"小学化"。有些小规模民办幼儿园在没有合格师资的情况下，胡乱开设英语课、写字课。柴占学等人通过对300余所/个内蒙古汉旗各级各类幼儿园和小学学前班（其中包括批准设立的民办园51所）的调查发现，无论是公办的幼儿园还是民办的幼儿园，除少部分能基本按照《幼儿教育指导纲要（试行）》的要求授课外，多数幼儿园、学前班开设了一些小学课程，如识字课、英语课、数学课等，同时在教学形式、教学方法和常规管理等方面也不符合《幼儿园教育指导纲要（试行）》的要求。

通过上述研究可以看出，"小学化"是幼儿园课程教学中的常见现象，那么"小学化"对幼儿的发展会产生什么影响呢？实际上，"小学化"的课程能够让幼儿在较短的时间内掌握大量的小学学科知识，看似为幼儿进入小学打好了基础，但是这样会带来更严重的危害。很多研究结果表明，"小学化"与幼儿成长规律相违背，对幼儿的身心健康发展产生了消极的影响。例如，部分幼儿由于学习压力大而失去了童年的快乐，孩子的认知过程被打乱，使幼儿出现"知识消化不良"现象，到上小学时失去了学习的兴趣；许多幼儿在疲于学习中抹杀了自己的想象力，长期处在机械读、写、背的状态中；甚至有些幼儿还出现了不同程度的孤独症。可见，幼儿园教育"小学化"对幼儿的长远发展来说是得不偿失的。

以上这些报道和评论是令人痛心的，然而更多的是应该引起我们的反思。关于幼儿园教育"小学化"的表现、原因、对策已经有相当多的研究，然而这些对策都是针对原因而开的零散的"处方"。幼儿园教育"小学化"不是一个孤立的问题，而是幼儿园整体课程建设问题中的一个具体表现，"头痛医头，脚痛医脚"的做法并不能从根本上解决幼儿园教育"小学化"问题。幼儿园只有改变理念，对幼儿园课程体系进行整体架构，才能切实解决这一问题。

现阶段学前教育课程建设中存在诸多问题，这些问题需要借助相应的理论来解决。根据学前教育的实践要求，学前教育课程领域的研究趋势已经发生了明显的变化。很多学者将幼儿园课程教学活动、课程设计、课程元等作为重点研究对象，同时，园本课程开发、课程与教师、课程整合等也受到学者的普遍关注与研究。这种研究现象说明学前教育课程理论研究从微观视野过渡到宏观研究，从单元素研究朝着整体研究发展。但是目前新的主题研究成果不多，无法满足幼儿园课程建设的需求，基于此，本书将对学前教育课程的各方面开展系统的理论研究，这是我国学前教育课程实践与理论发展的必然要求。

二、研究意义

（一）实践意义

1.对幼儿园课程模式改革进行总结与反思

回溯学前教育课程近百年发展历程及三次重大的课程改革，可以发现：在课程模式上，从单元活动课程为主向学科课程转变，发展为多种课程模式并存。在课程模式这一转变历程中，世界上大部分先进的课程理念和教育经验在我国幼儿园教育实践中得到了实验和实践，但由于我国幼儿园存在照抄照搬和盲目跟风现象，很多幼儿园对于所实践的课程模式存在形式主义。这些幼儿园并不理解某一课程模式的精髓，只是复制了其样式，并没有抓住其灵魂。幼儿园课程模式的改革往往是"实践先行"，其改革路线常常是实践—总结—理论。

诚如一位学前教育课程专家所指出的，幼儿园课程没有固定的模式，是在长期的实践中慢慢形成和发展的。不可否认，这位专家指出了幼儿园课程改革的实践性，但是笔者认为这并不意味着幼儿园课程模式是不存在的，也不意味着幼儿园课程模式必须是自然演化的，更不意味着多元化的课程模式是无章可循的。目前，我国幼儿园课程模式的实践已经积累了丰富的经验。虽然这些经验从表面看来是杂乱的，而且存在很多不足之处，但这正是理论研究所需关注和总结的地方，即把杂乱和复杂的经验理顺并使之简单化。本书就是通过对实践经验的总结与提升，使之上升为理论，从而更好地指导实践。

2.搭建幼儿园课程理论与课程实践之间转化的桥梁

在我国学前教育课程发展中，理论与实践脱节是长期存在的。课程理论研究者认为，幼儿园教师在课程模式建设中忽视了理论学习，不具备较高的理论水平，仅仅依靠个人感性经验来教学；而幼儿园教师则认为，学前课程理论的内容与实际教学不相符，操作性较差，对幼儿园教学来说没有太大的意义，就如很多教师所表明的，他们需要理论，但是这种理论必须具备较高的可操作性，这样才能为实践教学提供指导，同时他们又认为能够提供理论指导实践的专家并不多。实际上，专家与教师的观点都是有一定道理的，关键在于课程理论与课程实践之间缺乏沟通的桥梁，缺乏一个把课程理论运用到课程实践，以及把课程实践经验加以概括和总结并上升为课程理论的过渡性中介。一方面，可操作化的理论才能为实践提供有价值的指导。正如赫尔巴特学派的代表人物之一赖因曾明确指出，即使最好的理论，如果它是抽象的，那么肯定不可能对课堂教学产生多大的影响。另一方面，实践需要上升为理论才能充分彰显其价值。无论何种形式的感性认识，都需要经过反复总结与反思，才能体现其价值，否则这些感性的认识与实践就只能成为零散的、肤浅的经验。学前教育课程模式能够为解决上述问题提供有效的方式和手段，与课程理论相比，课程模式更具实践性与操作性，可以发挥明显的指导功能。

3.为学前教育课程相关法规的完善提供参考

2010年7月，国务院颁布的《国家中长期教育改革和发展规划纲要（2010—2020）》中把学前教育专列一章，显示了国家对学前教育的重视。紧接着，当年11月国务院又颁布了《关于当前发展学前教育的若干意见》，掀起了新一轮学前教育改革的热潮。为了贯彻与落实上述两个文件中的精神，教育部又连续颁布了一系列相关的法规。如2011年12月31日，国家发展改革委、教育部、财政部发布了《幼儿园收费管理暂行办法》，2011年12月教育部颁布了《幼儿园教师专业标准（试行）》，2012年10月教育部又制定了《3~6岁儿童学习与发展指南》，等等。这些法规和文件在课程方面旨在从不同的角度防止和纠正幼儿园教育的"小学化"和"成人化"问题。由此可见国家对学前教育课程改革的重视。然而，综观这些法规和文件，没有一个是直接针对学前教育课程提出的。在学前教育课程建设方面，我们所依据的法规仍然只有于2001年颁布的《国家中长期教育改革和发展规划纲要（2010—2020）》。20多年过去了，《幼儿园教育指导纲要（试行）》是否需要修订？是否需要颁布新的法规协助《国家中长期教育改革和发展规划纲要（2010—2020）》的实施？这些问题是需要思考的。调查中，很多幼儿园工作者诚恳地表示：《国家中长期教育改革和发展规划纲要（2010—2020）》的内容太宽泛，对幼儿园课程建设缺乏可操作的指导性。因此，笔者认为在强调课程模式多元化的今天，为了保证学前教育的质量，制定一部对学前教育建设具有切实指导性的法规是势在必行的，本书的研究或许能为此提供些许参考。

（二）理论意义

以前人们习惯于采用分析性思维的方式来研究课程。分开研究课程的各要素，能够进一步地丰富课程内容，使课程内容更加多样化，使课程结构趋于多元化，使课程目标呈现明显的个性化特征。但不容忽视的是，课程各要素之间是相互依存的关系，在相互联系与相互制约中形成了一个整体课程。现有的研究普遍将课程作为一个整体，系统地分析课程各要素之间的逻辑关系，但是对课程改革研究涉及得比较少。分开研究课程类型，目前国内外学者普遍是从表面来研究课程类型，如探索课程类型特征、课程类型优势等，虽然这些研究成果具有一定的价值，但是如果仅仅依靠这些研究成果来指导课程实践是远远不够的。以上这些研究虽然对了解和认识某些范畴和问题有一定的作用，但在一定程度上讲是零星的、分散的，难以形成一个有机的系统与整体，对课程实践的指导作用十分有限。

课程模式本质上是借助综合性的思维对课程进行研究，无论何种形式的课程模式，都试图将课程中的各个要素按照课程目标紧密地联系在一起，以此创建一个系统的、完整的课程理论体系，为教学实践提供操作框架，这就为课程理论指导课程实践提供了明确的指导方向，奠定了良好的理论基础。目前，我国现有的学前教育课程模式多是对国外典型课程模式的模仿与借鉴，很少有学者对国外幼儿课程教学模式进行文献上的追本溯源，以及对不同模式进行深入的对比分析，并且这些理论研究成果大多集中在对成熟课程模式的研究上，没有围绕学前教育课程模式进行理论探索。这些研究成果虽然为我国了解与分析国外学前教育课程模式提供了参考，但是尚不能很好地指导我国学前教育课程的发展。基于此，笔者希望通过对学前教育课程模式本身的学理性探讨，以及对其在我国的发展历史和现状的深入分析，归纳课程模式设计的基本过程，希望能为我国当前学前教育课程的理论建构提供一些价值。

第二节　国内外研究现状综述

一、国外研究现状

Hascher等（2022）对长期统治学校课程的目标范式进行了尖锐的批判，反对把课程视为一种产品或不可更改的材料，提倡学校具有开发适宜课程的法定权利，教师在学校课程开发中应该充当重要的课程参与和开发角色，这样才能实现学生的全面发展。[1]

Ekici（2017）基于人们对高结构学术化课程模式是否会给儿童带来负面影响的担心比较了高瞻课程方案、直接教学课程和传统保育学校的课程。[2]

Maude和Allen（2017）认为不分年级教育的指导思想的核心是重视儿童个体发展的差异性，允许超前和落后，使优秀学生和后进生都能获得有效发展。[3]

Kaaria（2016）调查研究了五种不同的学前教育方案，这五种方案包括两个高度结构化的、说教性的课程方案，两个传统的、关注儿童社会情感、身体和一般语言发展的传统保育学校的课程方案，以及一个蒙台梭利教育方案。这五种方案均从儿童参与方案开始一直追踪到小学三

[1] Hascher T，Do M L，Zordo L D．"Cooperation with a peer in practicum is nice but teaching alone makes me feel I am teaching for real."How pre-primary and primary student teachers experience single and paired field placements [J]. Zeitschrift für Bildungsforschung，2022, 12(2):235–253.

[2] Ekici D．The use of Edmodo in creating an online learning community of practice for learning to teach science [J]. Malaysian online journal of educational sciences, 2017, 5(2):91–106.

[3] Maude K，Allen M．Barriers to success for Black and Minority Ethnic (BME) student teachers in undergraduate initial teacher training programmes in England. [R]. 8th TEAN Conference. Thinking deeply about teacher eduction, 2017(5):11–12.

年级。[1]

Inparaj（2016）认为不同年龄的儿童混合在一起共同活动，通过社会交往，无论是年龄大的儿童还是年龄小的儿童，都能学到大量知识，并获得社会能力的发展。[2]

二、国内研究现状

（一）关于学前教育课程内容的相关研究

傅渊和刘超洋（2022）将课程内容看作教育的核心内容，看作教育实践的有效手段，认为如果没有课程内容，教育就无法传递出正确的信息，也就失去了表达意愿与说明价值的功能。现阶段，我国学前教育课程内容十分落后，结构化程度不高，与学前教育新形势的发展需求不相适应。课程内容多是依靠教师的主动教学行为，学校由于师资力量、资金等因素的影响，无法及时补充与更新课程内容，导致学前教育课程的理论与实践无法得到进一步发展。[3]

杨婕（2021）认为学前教育课程需要教师做出科学修正、优化和完善，进一步提高学前教育课程的实践课时比例，保证实践课程所用到的时间占课程总课时的25%以上；同时，还要在课程内容上，按照学前教育专业特点和实践教学目标，进行科学设计和优化。[4]

田景正（2019）认为，幼儿是一个有机体，通过整体的形式来认知与表达世界，因此，课程应该以整合的方式出现在幼儿教学中。通过对现有幼儿园课程的实际情况来看，主题课程成了整合的主要方式。在主题课程中，不同领域之间以及领域内部的知识普遍是以整合的形式出现的。

[1] Kaaria J K . Teacher related factors influencing use of instructional resources in teaching reading skills in pre-primary schools in Imenti North Sub-County, Kenya. [J/OL]. http://ir-Library. ku. ac. handle/123456789/2006/.

[2] Inparaj C . The role of English language awareness in the enhancement of rural development [R]. 3rd International conference on social sciences, 2016.

[3] 傅渊, 刘超洋 . 五年一贯制学前教育专业 "行为课程" 设置探究: 基于张雪门 "行为课程" 思想实践 [J]. 陕西学前师范学院学报, 2022, 38(6):58-66.

[4] 杨婕 . 专业认证背景下学前教育课程体系的构建 [J]. 太原城市职业技术学院学报, 2021(3):77-79.

但是，课程内容的整合应该以幼儿生活实际为核心，将幼儿生活作为依据，确保课程内容的整合具有较强的生活化与具体化。[1]

（二）关于学前教育课程设置与开发的相关研究

张丽娟（2022）认为，当前学前教育课程设置存在不合理的现象，其中较为典型的是学前教育课程设置过于超前，部分课程甚至与小学阶段的教学目标相同。这些过于超前的学前教育课程会对幼儿的脑力开发造成消极的影响，最终影响幼儿的健康成长，对我国未来教育的发展也十分不利。[2]

刘芳梅（2021）认为，构建科学合理的幼儿体育课程体系和内容是一项艰巨且复杂的任务，但为了提高幼儿教师的体育教学能力，必须分析幼儿体育的特点、课程设置的原则和方法，勇于探索适合幼儿身心发展且适应社会需求的体育课程模式。[3]

杨雷静（2021）认为，当前幼儿学前教育课程中，语文和数学成了重点内容，美术、音乐等课程处于边缘地位，这种现象造成了学前教育的"小学化"。导致这种现象出现的主要原因在于对幼儿身心发展规律的不重视，这是根本性原因。从园长与教师的角度来看，幼儿园的办学理念、教学观念也是影响学前教育课程模式过于"小学化"的主要原因。[4]

张加欣和文雪（2021）认为，学前课程开发可以促进幼儿园教育目标和办学特色的实现，促进幼儿园教学质量的提升。开发出适合幼儿发展的课程，能够满足幼儿个性化发展的需要，同时，开发课程的过程也是提升幼儿教师专业能力的过程。[5]

陆青雯（2016）认为，以主题为中心，整合环境、家庭和社区教育资源，以促进幼儿全面发展的主题活动课程，逐渐成为学前教育课程开发的主

[1] 田景正. 改革开放 40 年我国学前教育课程改革的考察 [J]. 教育科学研究，2019(5):60-65.
[2] 张丽娟. 学前教育的生态取向及发展趋势 [J]. 环境工程，2022, 40(4):331-332.
[3] 刘芳梅. 广东省幼儿园体育师资培养现状、问题及对策 [J]. 体育科技文献通报，2021, 29(11):36-38.
[4] 杨雷静. 近十五年我国农村学前教育研究综述 [J]. 科教文汇（下旬刊），2021(11):24-26.
[5] 张加欣，文雪. 农村学前课程开发的知识选择：内涵、特征及策略 [J]. 教育观察，2021, 10(4):58-60+90.

导趋势，学前教育也实现由"以教为主"向"以幼儿为本"的模式转变。[1]

江盼和张宝臣（2016）认为，在园本课程开发的过程中，民主、科学的幼儿园管理是重要的影响因素，园本课程开发应基于国家与地方的相关政策及幼儿园自身的特征，在众多主体参与的过程中来实现园本课程的有效开发，而不是仅靠某个人就能完成的。因此，这就要求幼儿园具备民主的管理结构，以开放的管理理念来吸收与利用各方资源，不能采取"一言论"或者"闭门造车"的形式。只有教师与家长相互配合、相互协作，并且获得社会主动支持，园本课程才能得以开发成功。[2]

杨莉君和曹莉（2011）认为，民族地区的幼儿园在学前教育课程开发和建设中，普遍存在对地方民族文化资源认识不足、对民族文化资源的整合层次较浅且程度有限等问题，建议民族地区学前课程的开发和实施兼顾生活化、民族化和科学化三个元素，以实现学前教育的科学、有序发展，彰显民族地区学前教育的鲜明特色。[3]

第三节　研究的整体思路与内容

本书的整体思路与内容体现在以下几个方面：

第一章为引言。对国内外学者关于学前教育课程的理论研究资料进行了整理与分析，明晰了不同学者的不同态度；对本书的研究背景、研究意义、研究思路与内容等方面进行了简要论述，确保本书的撰写具有较强的理论基础。

---

[1] 陆青雯. 面向学前教育的主题微课程开发研究 [J]. 中国电化教育，2016(11):134-137.

[2] 江盼，张宝臣. 近十五年来我国学前教育课程开发热点研究述评 [J]. 浙江工商职业技术学院学报，2016, 15(3):81-86.

[3] 杨莉君，曹莉. 中部地区农村学前教育事业发展存在的问题及解决对策 [J]. 学前教育研究，2011(6):21-26.

第二章为相关理论概述。详细概述了学前教育、课程开发的基本内涵，阐释了学前教育课程研究的理论基础，主要包括资源配置理论、教育公平理论、反思性实践理论、人本主义学习理论等，为本书提供了必要的理论依据。

第三章为我国学前教育发展的现状。从学前教育规模、学前教育教师队伍、学前教育经费投入三个方面分析了当前我国学前教育发展取得的成就，并围绕学前教育供给主体、财政供给、师资供给、制度供给等方面研究了学前教育发展的供给现状，紧接着分析了我国学前教育发展存在的问题，制定了相对应的解决方案。

第四章为国外学前教育课程研究。重点研究了美国、新西兰、澳大利亚、英国的学前教育课程，为我国学前教育课程的进一步发展提供了有价值的参考依据。

第五章为我国学前教育课程模式演变的研究。我国学前教育课程模式的演变主要划分为三个阶段：一是复苏阶段；二是多元化发展阶段；三是初步构建阶段。在不同阶段，学前教育课程的模式也是不同的，呈现出不同的发展特征。

第六章为学前教育课程的设计与开发。以"学思维"活动课程为案例，分析了学前教育课程的设计与开发，并进行了课程实施的评价与修订。最后对本书内容进行简要概括，并对学前教育未来发展前景进行展望。

第四节　研究方法

历史研究法。历史是一面镜子，透过历史，我们可以更为睿智地审视现实。因为任何现存的东西都是历史与逻辑的辩证统一。离开了逻辑，现实就失去了存在的依据；而割断了历史，也就无法真正理解现实。正如美国教育史学家梅迪·那可斯丁所说的那样："不了解过去，不仅现在毫无意义，将来也没有希望。"本书力求运用历史唯物观，沿着人类古代、近代和现代的发展轨迹，以对儿童主体性的承认和尊重，以及课程决策权力的民主化确认、实施为主线来探寻中外学前教育课程的产生和发展轨迹，并剖析学前教育课程开发的条件与启示意义。

文献研究法。文献研究法是对研究对象的基本情况进行收集、整理、分析。本书中的文献研究法是指通过图书馆、国内外数据库、政府官网、高校网站等途径搜集国内外相关的专著、期刊与政策文件，通过梳理数据资料，全面客观地了解学前教育课程开发的现状，为学前教育课程模式的演变、设计与开发提供充足的支持。

比较分析法。比较分析是对两个或两个以上的研究对象进行比较，寻找研究对象之间的共性或差异性，以揭示事物之间的普遍规律。本书中的比较研究主要用于对美国、新西兰、澳大利亚、英国等国家的学前教育课程进行比较分析，为我国学前教育课程的改进提出建议。

内容分析法。内容分析法是对文献内容进行系统分析后，以直观的方式再现事物的一种研究方法。简言之，就是依据预先设定的类别框架，通过统计学的方法统计每个类别出现的频数，最后用数字或图表的方式直观再现统计结果。本书中的内容分析主要是对学前教育课程内容进行结构分析，以描述学前教育课程现状。

第二章 相关理论概述

第一节 学前教育的基本内涵

一、学前教育的基本定义

学前教育的概念最早是由国际学前教育组织在20世纪80年代初提出的，后传入国内逐渐被教育界业内人士认同。从广义的角度来看，学前教育是指为了促进学龄前儿童的成长与发展所开展的一系列学习教学活动。这些活动不仅能激起儿童的学习兴趣，也能给予他们更多新鲜有趣的体验。从狭义的角度来看，学前教育是指学前班或幼儿园对3~6岁的儿童展开入学前的教学培训活动。学前班或幼儿园通过开展别开生面、系统科学的教学培训活动，让儿童的大脑在一定时期内得到激活和成长，这对儿童未来的学习与生活具有积极正面的影响。因此，学前教育可以说是儿童在入学前必修的一门启蒙教育课程，它能够针对儿童的每个成长阶段进行科学系统的教育，以此提升儿童的想象力、创造力。而学前班或幼儿园作为学前教育的主要场所，也需要国家有关部门出台一系列政策进行扶持和管控，以保障儿童的身心健康和安全成长。从学前教育的主体来看，它主要包括家长、儿童和学前教育教师，家长对儿童的身心健康负责，学前教育教师对儿童的安全成长负责，二者看似相同却略有区别。这意味着学前教育这一活动，并不能只依靠学前教育教师这一个主体去完成，家长作为儿童最亲近的人也要参与其中，贡献自己的时间和精力。唯有这样，学前教育活动才能取得事半功倍的成效。

从20世纪50年代初到2000年，我国的学前教育始终处于城乡各自发展的状态。一方面，城市学前教育采取的是苏联式的精英教育模式，教学资源和师资队伍都是农村所不能比拟的；农村学前教育采取的则是延安教育模式，主要是为了减轻资金压力，提高办学效率。当时农村孩子上学能够享受更多的优惠政策，大学毕业后留在城市也能享受公职待遇。因此，当时城乡之间的教育水平差距并不大，可以说在农村上学一样有一个好的前途和未来。另一方面，城乡学前教育发展共同体的构建以均衡发展为主要目标，以期加强城乡幼儿园之间的交流与互动，改善农村幼儿园办学条件，为农村幼儿园提供优质的学前教育资源，以此实现优势互补、整体发展的目标。但是在城乡学前教育发展共同体构建的过程中，由于存在理念混乱、协作机制不健全、共享平台薄弱、特色发展落后、资源保障不足等问题，城乡学前教育水平之间的差距越拉越大，城乡学前教育处于各自发展的状态，这种现象不利于我国学前教育的整体发展，也不利于构建共同发展的城乡学前教育格局，亟须加以解决与完善。

随着我国教育的整体发展进入现代化进程，学前教育的现代化工作开始启动。在政策方面，中共中央、国务院于2019年出台了《中国教育现代化2035》。该文件以建设新时期中国特色社会主义为目标，对我国现代化教育的整体工作进行了详细而全面的战略规划。这不仅为我国的学前教育进入现代化发展奠定了坚实的理论基础，也为培养新时期中国特色社会主义建设者和接班人指明了方向。在信息科技层面，我国投入了大量的人力、物力和资金，为学前教育的现代化发展提供了强大的技术支撑。此外，由于国外发达国家和地区在学前教育现代化的工作上已经积累了丰富的经验，这使得我国的学前教育体系可以通过借鉴其模式与经验而变得更科学、更系统、更完善，从而推动我国的学前教育在现代化的过程中更快、更好地发展。当然，中国教育的现代化进程依然包含城市教育与乡村教育两个层面的内容。与城市教育的现代化相比，农村教育的现代化发展依然受限于国家政治、经济、文化等要素的影响，所以整体的发展情况明显比不过城市教育的现代化进程。不过，从我国"三农"（指农业、农村、农民）政策的出台力度可以看到，我国当下只有全面实现

"三农"的现代化，才能从根本上将农村教育的现代化进程推进到全民教育的现代化水平。这样不仅有利于增强我国农村人口的基础素质教育，也能为农业现代化的发展提供足够的人才资源。

学前教育作为我国教育现代化进程中的先头军，其本身具有非营利的属性，这就导致政府需要投入大量的资源来维持学前教育系统的正常运作。此外，由于学前教育属于非义务教育的范畴，这就决定了学前教育相关办学机构可以由政府设立，也可以由非政府组织设立。学前教育是儿童所能接触到的最早的专业系统教育，它对儿童的身体、内心、性格及未来的发展都起到至关重要的作用。而且由于学前教育对每个儿童的影响都是独立的，并不存在任何关联影响，因此，每个适龄的儿童都必须接触这一教育模式。不过，虽然适龄儿童不断涌入学前教育机构，学前教育师资队伍和场地设备却并不会随儿童数量的增加而增加，这就导致了学前教育市场供小于求，教育资源的竞争随之加剧，最终结果是降低了学前教育的教学质量和体验感。有的幼儿园的办学资金并非完全来源于政府机构，可能需要幼儿园创办者自己出资运作整个幼儿园。所以相比义务教育，学前教育在入学收费上略有不同。一旦家长没有能力支付相应的学费，那么儿童自然不能享受到学前教育的相关教学服务。

作为我国教育体系的一个分支体系，学前教育足以起到提升全民素养和社会文明水平的作用，在整个教育体系中将发挥越来越重要的作用。从学前教育的社会回报率上不难看出，学前教育对儿童个体的影响远远大于义务教育对人的性格、能力的塑造和培养。因此，当下我国政府越来越重视学前教育的作用和价值，不仅增加学前教育的投资力度，也非常注重提升学前教育的入学率，毕竟学前教育的入学率与我国人均国内生产总值（gross domestic product，GDP）增长率有着重要的联系。从学前教育的供给端来看，政府依然有义务参与学前教育资源、资金的分配，从而保障学前教育的公平性。这是因为学前教育本身并不像义务教育那样具有强制入学的政策支持，一旦学前教育的资源配置不均衡，势必会有更多儿童无法享受到其本应享受的教育服务。这不仅会导致儿童个体的发展受到一定程度的损害，也会对整个社会的发展带来不良的影响。针对我国当下的国情，学前教育必须采取城乡一体化的发展模式，才能将我国的基础教育体系建设完备。

随着我国全面建成小康社会目标的实现，学前教育的全面深化改革也被提上日程，即以实现农村基础教育和城镇精英教育同等水平为目标，增加学前教育的资源和资金投入力度，分阶段推进城乡学前教育一体化发展，让城乡教育能够互相支持、共同进步，助力我国实现中华民族伟大复兴的中国梦。

二、学前教育的年龄范围

学前教育普遍是指儿童在上小学之前所能享受到的所有教育服务，因此学前教育的年龄范围普遍是0~6岁。但是根据我国特有的教育制度来看，我国学前教育的年龄范围一般是指3~6岁。在这个区间内的儿童要接受我国规定的正式教育。

学前教育一般是由政府主导的学前教育机构（如幼儿园、托儿所或者早教中心等）来主办。这些教育机构有能力提供学前教育的基础服务和相关资源，并且能够以常规的教学任务和教学活动促进儿童的健康成长。然而在国外，学前教育的年龄范围为0~8岁。例如，在澳大利亚，学前教育普遍被称为儿童早教，这种早教一般是从学前班或者幼儿园持续到小学三年级，因此进行早教的学前教育教师就不只是学前班或者幼儿园的教师，也包含一至三年级的教师。而且在澳大利亚，各个地区的学前教育制度也有明显的差别，甚至有的地区会以小学二年级到三年级这一区间为主开展学前教育，因此参与学前教育的机构也会随着各地区教育政策的不同而变化。

"学前教育"这一概念最早是由德国的福禄培尔提出的。他作为德国最杰出的教育学家，深受卢梭、裴斯泰洛齐等学者教育思想的影响，于德国创办了世界上第一所幼儿园，该幼儿园为1~7岁的儿童提供学前教育的服务。在我国，"学前教育"这一概念最早来源于古代的胎教。有历史依据表明，在我国汉代，人们就已经开始注重儿童的早教学习问题。例如，东汉道家思想的重要传承人王允，在他很小的时候其父就严格要求他读书识字，他在8岁的时候就基本学完了书馆中的所有基础知识。诸多历史案例表明了古代学前教育的年龄范围主要在3~8岁这个年龄段。从各国的学前教育制度中可以发现，3岁是儿童成长发展的黄金期，也是早教开始的最佳时期。在现代社会中，我国的学前教育一般是指对从出生到7岁年龄范围区间的儿童实施的早教行为。在这段教育教学期间，儿童对外界的感性认知逐渐形成，其学习能力与人格塑造得到进一步提升。所以除了知识的传输，学前教育更需要以情感教学的方式来引导儿童的成长，发展他们对外界的思维能力和感知水平。除此之外，学前教育教师在学前教育中的角色也非常重要。对于从出生到7岁的儿童来说，他们年龄小，急需学前教育教师的悉心呵护和栽培，以帮助他们形成良好的道德素养和个性品质，他们在生活和活动中应该感受到的是一种细心的关怀，以及对爱的认知和理解，而不是以传授知识为核心的教育。所以在学前教育的过程中，爱才是所有儿童必须接受的教育内容，如何学会爱及认知爱才是学前教育教师必须重点关注的教育课题。

从国外的教育体制改革中可以看到，取消教育机构年级限制的做法正逐渐开始流行起来。自20世纪90年代，法国官方教育机构为了建立新的学前教育制度正式颁布了一项改革法令。该法令将儿童的学前教育分为初级、中级、高级三个阶段。一般初级阶段只针对2~5岁的儿童，他们可以参与幼儿园小班到中班的课程教育。而中级阶段一般只针对5~8岁的儿童，他们可以参与幼儿园大班到小学一、二年级的课程教育。最后的高级阶段只针对8~11岁的儿童，他们可以参与小学三年级到五年级的课程教育。而在美国，这种混合年级的教育制度也开始备受社会各界的关注，大多数教育机构对这种取消学前教育年级限制的做法也颇感兴趣。例如，俄勒冈州就颁布了一项全新的教育改革政策，以不分年级的方式开展学前教育教学。与整齐划一的年级分级方式相比，不分年级的教育模式对儿童的个性发展会更加有益。这种教育模式的优势在于能够根据不同儿童的个性因材施教，可以使优等生与后进生在同一水平线上成长。而且混合年级后，不同年龄的儿童可以共同参与教学活动，以及学习相应的知识与技能。此外，不分年级也意味着适龄儿童可以在幼儿园教育与义务教育之间无缝衔接。

从我国的教育体制中可以看到，接受教育的年龄可划分为乳儿期、婴儿期、学前期、学龄初期、学龄中期、学龄晚期等六个时期。其中，乳儿期主要是指0岁宝宝，婴儿期主要是指1~3岁的儿童，学前期主要是指3~6岁的儿童，学龄初期主要是指6~12岁的儿童，学龄中期主要是指12~15岁的儿童，学龄晚期主要是指6~12岁的儿童。因此，学前教育的主要年龄范围是3~6周岁，其学制以三年为基准。学前教育作为我国教育体系中的基础教育，能够让儿童以更好的学习状态进入义务教育中，从而使儿童的身心健康、思想品德得到更全面的发展。据考证，我国第一所以学前教育为主的办学机构创建于武昌寻常小学堂内，在这之后也曾出现过以个人名义、家庭名义和企事业单位名义创办学前教育机构的案例。直到近现代，随着我国生育政策的不断改革，加上我国生育政策对独生子女家庭的特别照顾，这就使得我国适龄儿童对学前教育的需求激增到一定程度，最直接的表现就是适龄儿童接受教育的数量正在逐渐扩大。

三、学前教育的资源配置

"资源配置"这一概念属于经济学范畴。因此，从经济学的角度来说，资源配置是在教育资源异常紧张的情形下，市场调节经济的一项有效措施。不过从我国经济的长期发展来看，当市场进行资源分配的时候，也常常会出现资源分配不公的现象，尤其是当社会收入水平已经产生较大差距时，资源配置就会随之发生巨大变化，这就是马太效应所说的"强者愈强，弱者愈弱"。这也从侧面印证了资源配置作为调控经济的措施其本身具有一定的局限性。当资源配置被应用于学前教育这一领域时，如何通过合理的资源配置让学前教育得到更好、更平等的发展，将是教育界人士共同商讨和解决的问题。学前教育在进行资源配置时需要注意合理性、循环性、高效性、共享性等要点。

从资源配置的合理性上看，学前教育需要在不同地区、不同机构建立一种合理分配的系统机制，从而推动学前教育的需求端和供给端达到一种相对平衡的状态。简单来说就是，任何地区接受学前教育的群体都能享受到学前教育的基础服务。在优质资源的分配上，学前教育相关机构也能根据当地教育水平及现状合理配置资源，逐步减小学前教育需求端的差距。从资源配置的循环性上看，学前教育相关办学机构必须学会节约教育资源，避免资源浪费，以此提高当地学前教育的质量和水平。例如，幼儿园可以充分发挥幼师的力量，有针对性地开展幼师培训课程，提高幼师教育教学的能力，充分利用幼师这一显性资源；也可以有效利用幼儿园的图书馆和校舍等资源，为幼师提供科教研究的场所和相应的资料，从而最大化利用资源。此外，幼儿园还可以成立资源利用的监督部门，专门负责园区内所有资源的合理配置和规划，从根源上减少资源浪费的现象。从资源配置的高效性上看，教育资源的配置越高效，教育的公平性就越能得到保障，因为教育的公平性与资源配置的效率在一定程度上呈正相关关系。一方面，提升资源配置的效率是为了让我国发达地区与发展中地区的学前教育水平能够始终处于同一水平线上，这样做能够确保不同地区的教育差异向均衡的状态发展。另一方面，教育资源的利用率也会随着资源配置的效率提升而提升，对于发展中地区来说，资源利用率的提升更有利于填平与发达地区之间的教育鸿沟。从资源配置的共享性上看，不同地区的教育资源都具有当地特色，各地区理应通过多种多样的渠道和媒介互相分享优质资源或者交流办学教学的优势经验，从而为儿童接受更好的学前教育做贡献。例如，不同地区的幼儿园可以通过联合协作的模式，共享各自优质的文化课程、师资力量、办学模式等资源，让各自的教育教学水平更上一层楼。

　　学前教育的资源配置还需要满足四个基本原则，即人性化、均衡化、多元化、差异化原则。从人性化的角度来看，学前教育的资源配置和待遇分配应该在教育公平的理念下进行，而不是完全忽略教育的主体、客体及教育机构等三方的需求。为了确保学前教育资源分配的公平性，学前教育相关机构需要将本机构的所有资源合理分配到每一名适龄儿童的身上，以此维系本地区教育的平衡，同时提高本地区学前教育的质量。从均衡化的角度来看，目前我国的教育环境并不存在完全的公正、平等，因此，如果学前教育的主体想实现公正、平等的教育资源配置，那么就不能采取平均分配这种简单的资源分配方式，理应根据各地区的实际教育情况制定具有针对性的资源分配制度。例如，将某些经济发达地区的多余优质教育资源分配给经济欠发达地区，以此平衡不同地区之间的教育水平差异。而不是说，哪个地区发达就投入更多的教育资源，不发达的地区就任由其教育资源持续匮乏。对于我国的学前教育来说，社会大众的普遍认知是教育资源的配置就应该以有峰有谷为主，而不是以教育的均衡发展为主。当然所谓的均衡发展，也并不是指学前教育资源就应该全面实施平均分配的模式，而是指学前教育的差距要以低级向高级不断靠近、共同发展进步为主。从多元化的角度来看，这种均衡发展的教育模式必须充分考虑当地学前教育机构的发展现状及教育资源的利用情况，只有发挥当地学前教育机构的办学优势和教学特色，才能让教育资源的分配利用最大化，才能让学前教育真正地从孤立式的发展现状向多元整合的发展道路迈进，最终实现我国各地区学前教育差距的最小化及教育发展的均衡化。除此之外，导致学前教育差异化现状的另一个重要原因是儿童之间与生俱来就有差异性，这种先天性的身体差异是儿童在成长过程中遭受不公平待遇的显见因素。如果想通过教育的均衡化发展来解决儿童之间身体差异的问题，那么学前教育的主体（如政府或者非政府组织）就必须全方位地了解儿童的身体情况，在儿童成长发展的过程中投入更多的精力和资源，以确保所有儿童能够在一个相对公平、公正的教育环境下接受学前教育。

学前教育作为我国整个教育体系中的基础教育，在资源配置上依然和义务教育、大学教育、成人教育等教育模式一样，非常注重教师资源的利用和分配，以及拥有优质的师资队伍。对于学前教育来说，优秀的教师资源在整个学前教育的发展过程中非常重要。一名专业素质过硬、教学能力优秀的学前教育教师，不仅要非常了解儿童的性格和内心世界，也要能敏锐地感知儿童的真实需求。在教学方式方法上，学前教育教师需要比其他教育体系的教师花费更多的心思投入教学研究，需要花费更多的时间和精力去陪伴儿童成长。在当下的中国社会，大众的普遍认知是幼儿的教育才是最基础、最重要的教育，毕竟幼儿的成长发展关乎中华民族伟大复兴中国梦的实现。可以肯定地说，幼儿才是中国社会主义未来的接班人，学前教育是提升我国整个社会素质教育的重要工作。然而随着我国贫富差距逐渐拉大，学前教育相关机构在教师资源的配置上明显力不从心，再加上经济不发达地区的教师薪资待遇达不到幼儿教师从业者的期望，导致学前教育教师资源在全国各地区的分配极其不均衡。另外，由于各种非专业学前教育教师欺辱儿童的事件时有发生，有些事件被我国权威新闻媒体报道宣传，学前教育逐渐成了大众关注的热点社会问题，这也直接激起了全国人民对优质学前教育教师资源的渴望和迫切需要，政府部门应加大对学前教育教师资格的审查力度，以及对当地学前教育教学质量水平的深刻关注。现阶段，如何培养更多优秀的学前教育师资队伍，如何规范管理学前教育教师队伍，如何确保儿童在学前教育过程中不会受到教师或者同学的欺压等一系列问题，成为学前教育机构主体和我国政府相关部门亟须解决的大难题。

从根本上来说，如果想提升学前教育师资队伍的品德素质和专业能力，就不能忽视学前教育专业的人才培养。当前我国学前教育专业在国内大学教育专业中并不属于热门的主力专业学科，无论是学生生源情况，还是教授该专业的师资力量，都比不过其他热门专业学科。从当下我国学前教育专业的发展现状来看，学前教育专业的学生正面临各种各样的现实问题，如毕业后投身学前教育工作缺乏实践经验和处理问题的能力，在到处都是儿童的教学环境中他们可能会非常不适应，难以应对儿童吵闹、尖叫、不听话的天性。因此，我国学前教育的从业者和相关部门更需要投入大量的人力、物力和时间建立专业的人才培养体系，从而全面提升学前教育教师的专业素养和实践能力，帮助学前教育专业的学生在理论知识、实操能力和职业信仰上全方位发展。具体来说，可以通过优秀的教育理念培养一批具有主人翁意识的学前教育教师，给予他们更多教育实践的机会，以此充分发挥他们自身的能力和优势。在理论知识和专业技能的传授和实践上，学前教育主体机构也可以引入人才培训或者人才竞争的良性机制，从而帮助学前教育教师更快、更好地成长和发展。

四、学前教育课堂教学特点

传统意义上的课堂，是指教育教学的场所，也就是说学前教育的班级教室就是课堂。而课堂教学的含义，一般狭义的理解是指在班级教室内的所有教学活动。但是对于学前教育来说，课堂并非只局限于教室内的固定场所，课堂教学也并非只是教室内发生的一切教学活动。毕竟学前教育的对象是心智还在发育中的儿童，他们并不能像高年级学生那样具有服从教学规则的主动意识，以及在固定场所上课的强烈期望。从儿童的天性上来看，他们活泼好动，且对一切未知事物都充满好奇心和抱着探索的欲望。因此，课堂不只是一个长期固定不变的场所，而是根据教师与孩子们之间的教学互动可以任意改变和选择的场所。在这样的教学场所中，师生之间的关系得到进一步的加强，课堂的教学氛围也会变得活跃有趣、团结友爱。不过，当下我国学前教育的课堂教学依然存在各式各样的问题，如学前教育教师在课堂教学方法上缺少变化，往往以灌输理论知识这一填鸭式教育方式教育儿童。虽然有的学前教育教师会选择互动式的教育教学方式，但也只是流于表面、走走形式，并没有真正发挥互动式课堂的核心优势，让儿童真正沉浸于课堂教学。究其根本原因，是学前教育教师队伍没有建立良好的教育教学体系。在思维理念层面，大部分学前教育专业的学生并没有接受过国内外先进学前教育理念的教育，同时也缺少专业系统的技能培训和课外实践活动，大多数学前教育专业的学生处于纸上谈兵的状态，这就导致他们自身对学前教育理论的认知匮乏，以及在课程教学前缺少充分的准备，只能依赖知识讲授这一最基本的教育教学模式，而这样的教学方法自然是无法达到令家长满意、令儿童健康成长的教学效果。

从学前教育的课堂教学过程中不难发现，幼儿教师的教学特点主要体现为单一性。简单来说就是重视理论知识教育，轻视与儿童的沟通互动，甚至会以强制服从的教学命令来控制儿童的所有吵闹行为。这样的做法不仅不能为儿童的自由成长与发展带来推动力，反而会造成儿童内心的压抑和性格上的偏执。因此，综合提升学前教育教师队伍的教学观念、专业素养和教学能力就显得尤为重要。对于当下的学前教育课堂来说，相对自由和民主的教学氛围，以及互动式的教学方式，是激发儿童创造力和学习兴趣的有效方式之一。学前教育教师需要将互动教学的理念科学、合理地融入课堂教学中，通过运用多元互动的教授方式确保实现互动教学的最终目标。在实际的课堂教学中，学前教育教师也可以利用互动的教学形式发布各种主题任务，引导儿童参与完成任务，并且组织儿童对每一场课堂教学和课堂活动进行客观真实的评价，以此帮助学前教育教师不断改进教学方法和互动方式，更好地实现课堂教学双向互动的良好效果。

从国外发达国家和地区的学前教育中可以发现，学前教育的课堂教学模式正逐渐向社区教育的模式演变，并且呈现出"重交往、轻知识"的课堂教学特点。发达国家和地区之所以会采用社区化教育的模式，是因为他们的经济实力雄厚，敢于在学前教育上投入财力。从欧美日韩等发达国家的社区学前教育来看，以社区为核心场所的学前教育大多具有自由便捷、综合全面、效果显著等优势。目前，国外流行的社区学前教育的课堂类型主要分为儿童类、父母类、儿童与父母结合类等三个类型。儿童类课堂教学是指在专为儿童设计的教学场所开展学前教育。这些课堂教学的场所有别于传统意义上的班级课堂，大多以儿童教学体验馆、儿童教学乐园、儿童教学咨询机构等类型的场所出现在大众视野中。父母类课堂教学是指在为父母开设的学前教育班级进行学前教育的带教工作。这种课堂的主要目的不是教育儿童，而是教育家长拥有健康科学的儿童教育观念，促使学前教育教师与家长之间建立紧密配合的协作关系，共同指导儿童的成长与发展。这种类型的课堂教学与我国义务教育体系下定期开展的家长会十分相似。儿童与父母结合类的课堂教学是指儿童与家长能够在特定的场所共同参与教育教学的过程，最终实现儿童与家长的共同进步和成长。这种课堂教学的场所往往由综合性的学前教育机构（例如儿童图书馆、儿童教育中心、博物馆、科技馆中的儿童展厅等）提供。在这些社区类型的学前教育课堂上，儿童不仅能充分学习或了解有趣、易懂的知识，也能通过各种儿童设施和儿童玩具尝试与他人建立社交关系、培养社交能力。在愉快的学习和交友过程中，他们也能提前体验到未来在学校的学习生活，这对他们以后进入义务教育的学校大有裨益。

此外，随着经济全球化的持续发展，世界各国的文化教育呈现出融合发展的特点，我国的文化教育也不例外。在文化多元化的发展上，我国的整体文化教育体系早已融入全球的文化教育体系中，这与我国的改革开放、"一带一路"及文化强国等各种自由开放的发展政策大有关系。从经济全球化的角度来看，全球各国及各地区的学前教育的未来发展也将呈现出多元融合的发展特点。一方面，对于国内的学前教育来说，这种多元融合的文化教育模式主要是指我国多民族文化相互融合发展的过程。其中，如何弥补汉族与少数民族在文化教育上的差异，如何将文化教育资源均衡地分配给不同民族、不同地区，如何满足不同民族的适龄儿童对学前教育的多样化、个性化的需求等一系列问题，都是决定我国能否实现文化教育融合发展的关键要素。另一方面，对于国外的学前教育来说，经济和文化全球化的影响将加速全球各国文化教育迈入共存发展的全新阶段。这意味着在学前教育的未来发展上，全球各国都会把培养儿童全球化的视野作为学前教育课堂教学的核心课程。因为只有让本国儿童从小就接受全球化的教育理念，才能不断推进世界各国文化的融合发展，才能在世界各国文化之间建立起和平交流的沟通机制。未来，一旦人类面临环境污染、全球变暖、疾病灾害等世界性难题时，全球人民便会跨越国与国之间的沟通障碍，共同参与这些问题的处理过程，通过相互协作造福全人类的子孙后代。因此，在学前教育阶段，全球各国都应积极主动地实施多元融合的文化教育模式，将不同国家的文化引入学前教育的课堂教学中，让儿童在不同文化的洗礼中感悟人类文明的最大魅力。不过值得注意的是，在学前教育的过程中，幼儿教师务必真实还原不同文化的历史面貌，切不可歪曲解读或者诋毁蔑视不同国家的文化特色。幼儿教师更应以身作则，尊重世界各国的不同文化历史，这样才能帮助儿童树立正确的文化认知观念，帮助他们与不同文化背景的人和谐、友善地交流和沟通。

第二节　课程开发的基本内涵

一、课程开发的基本定义

在了解课程开发的基本定义之前，我们需要对课程本身的含义有一个相对准确的概念认知。就目前而言，"课程"一词并没有一个被大众统一认可的解释，不同国家对课程概念的理解不甚相同。在国外，"课程"一词最早是由英国教育学家斯宾塞在其著作《什么知识最有价值》中提出的。在我国，"课程"一词最早可以追溯到南宋时期。朱熹是南宋时期最有名的理学家、教育家，《朱子语类辑略》卷二中提出："宽着期限，紧着课程。小立课程，大做功夫。且如发愤忘食，乐以忘忧，直要抖擞精神，如救火治病然，如撑上水船，一笔不可放缓。"在这段文字中，"课程"一词更多的是指学习计划或者学业进程，其内涵相对来说较为狭隘，不够全面。随着近现代我国文化教育的不断发展，"课程"一词增添了更多新的内涵和理解。"课程"除了指代学习计划或者学业进程外，还可以指代学习知识的经验、不同阶段要学习的科目、社会文化再生产或者再创造的过程。不过，从课程内涵的本质上看，这些新的内涵解释都过于单一片面，没有真正揭示课程对学习者的本质意义。例如，将课程理解为学习知识的经验，这反而忽视了知识理论体系对人成长和发展的长远作用。如果只是将课程作为每个教育阶段需要学习的科目，那么一旦受教育的人学有所成，这些课程科目是否就会完全失去其存在的意义与价值呢？再者，如果将课程理解为社会文化再生产的过程，那么文化本身的概念内涵就会被扩大，在认知和理解上不可避免地要出现分歧。因此，课程不是以上这些单一片面的理解，理应是所有教育教学活动的综合性概念。通过对课程的学习和理解，受教育的人能够实现自身自由而全面的发展，这才是课程本身存在的意义与价值。

从字面意思上看，学前教育课程开发是指针对所有学前教育教学活动进行开发的过程。首先，在整个课程开发的过程中，学前教育教师及其他相关人员必须明确课程开发的整体目标。其次，所有参与课程开发的人员需要针对各个学科制订相应的教学计划或者活动规划，并且按照所制订的计划和规划积极主动地执行。最后，参与执行的人员还需要根据儿童的反馈或者学校高层人员的评价对整个教学计划或者教学活动进行反思复盘，不断优化整个教学计划的执行过程，从而实现最初制定的课程开发目标。从目前国内学前教育的发展状况来看，学前教育的课程开发主要包含目标开发和过程开发两种模式。目标开发模式是指以课程开发的目标为导向，通过探究四个核心问题的答案，从而制订出整个课程开发的计划。这四个核心问题分别是：学前教育要达成的目标是什么？选择什么样的课堂教学内容最容易实现目标？如何有效利用学前教育组织的各种教学经验？如何对正在实施的课程进行有效的评价？从本质上看，目标开发模式的核心工作就是实现学前教育的最初目标，一切有关目标的开发工作才是有价值且有意义的。而过程开发模式则与其大不相同，过程开发模式并不苛求一定要实现教育目标，反而非常注重儿童在学前教育的学习过程中发挥自己的主观能动性，并且不断激发儿童探索未知的天性，以此提升学前教育整个过程的价值意义。

那么，目标与过程两种课堂开发模式究竟哪一个更重要？哪一个更有未来和前景呢？对此，目前任何人都不能妄下结论，这是因为这两种模式都存在一定的优势和劣势。从目标开发模式来看，这种以目标为导向的课堂教学模式非常容易忽视教学内容的创新，在维持师生之间的互动上也逐渐流于表面形式。毕竟只要实现了学前教育的目标，剩下的任何教学内容对学前教育教师来说都会显得多余，甚至没必要百分之百地执行。这反而不利于学前教育的未来发展，也会阻碍学前教育的课堂创新，最终会导致有价值的教学内容和有才华的学前教育教师大量流失。从过程开发模式来看，由于该模式关注的是整个教育教学的过程及教学内容的组织实施，所以过程开发模式并不会出现目标开发模式那样明显的缺陷。但是，过程开发模式往往会导致学前教育教师陷于教学内容的执行细节中，而忘记了最初学前教育要实现的目标。这样会迫使教师在执行具体的教学内容时，一味地求全责备，追求过程的完美，最终反而给教学过程增加了地狱级的难度，以至于整个教学计划以失败而告终。随着我国教育专家和学者对学前教育的深入研究，他们在这两种模式之上提出了一种全新的课程开发模式，即将目标与过程两种课堂开发模式有机融合在一起，取长补短，最终实现一种动态灵活的开发模式。简单来说，就是学前教育的课堂开发从目标的设定到整个教学过程的推进都在动态的变化中，而不是像以往那样一成不变。因此，即使整个课堂开发的过程出现了任何问题，所有参与人员都能及时做出反应，采取有效的措施调整执行过程，最终确保教育目标的实现。

此外，从学前教育的根本目的来看，课程开发的最终目标以培养儿童才能、帮助儿童成长为主。针对这一教学目标，学前教育教师需要有针对性地挑选教学内容，安排适合儿童的教学活动，还需要注意儿童教学的时间不能过长。对不同的学前教育机构来说，课程开发的本质内涵是一致的，但是具体执行和实施的过程是可以因地制宜的。例如，有的学前教育机构将儿童图书或者儿童绘本的讲解作为教学活动的核心内容，并且通过组织儿童表演图书中的情节内容来加深儿童的认知理解。有的学前教育机构将舞蹈、声乐、绘画等艺术类课程作为教学活动的核心内容，通过师生互动或者儿童之间的互动来增强儿童的社交能力和对社会的适应能力。当然，任何学前教育机构不管使用哪一种课程开发模式，都需要遵守我国相关教育部门的政策规定，绝对不能出现任何违法乱纪的教学内容或者教学活动。在学前教育的课程开发上，学前教育相关机构最好聘请有能力的资深教师组成开发小组，共同参与整个课程的开发过程。另外，学前教育相关机构还需要根据不同教师的岗位职责来合理配置教育资源，让所有教师能够形成合力推动课程开发有条不紊地进行。在师资队伍的招聘和选择上，学前教育相关机构也需要让应聘的教师清晰明确地了解本校的教育目标，这样才能让教师有针对性地展示自己的教学能力和个人才华，校方也能够对教师的课堂开发能力和岗位胜任能力有一个客观公正的评估，避免学前教育宝贵人才的流失。

二、课程开发的范围特征

课程开发的范围特征主要包含两方面的内容，即课程的目标特征和课程的内容特征。

从课程开发的角度来看，课程目标不仅规定了课程开发的方向，也明确了课程开发要达成的最终结果。因此，课程目标的特征主要包含明晰性和系统性、互通性和多变性等。课程目标的明晰性和系统性是指所有参与学前教育的教师、儿童和家长都必须对课程目标有一个明确、清晰的认知和理解。在所有人明晰目标的情形下，学前教育教师才能科学、系统地开展一系列课堂教学的内容和活动。当学前教育教师沉迷于教学内容的执行细节时，清晰、明确的目标也会及时引导他们改正过来，确保教学内容能够按照计划实施和执行。从我国的整个教育体系来看，学前教育与大学教育、成人教育的最大区别在于教育的目标是否明确、清晰。课程目标的互通性和多变性是指课程开发要跟随时代的发展而变化，不能墨守成规、一成不变。[1]尤其在当下互联网时代，我国的社会经济和文化教育都得到了空前的发展，因此学前教育的相关机构就不能忽视社会各界对我国未来人才的要求。在我国未来人才的培养上，学前教育相关机构需要充分利用互联网互联互通的优势，向世界各国优秀的学前教育机构借鉴学习，将他们在课程开发上的先进技术和丰富经验化为己用。另外，根据我国社会对人才的多样化需求，学前教育教师也要适时优化课程开发的目标，让学前教育的课堂教学能够满足新时代适龄儿童的学习需求。

学前教育的课程开发内容首先要满足我国社会对人才的需要，以及人才本身成长发展的需要；其次需要根据社会发展的需要或者儿童成长发展的需要及时优化调整教学内容；最后需要参与课程开发的相关人员全面深刻地理解课程内容开发的先进性、传承性、可持续性等主要特征。先进性是指学前教育的课程开发要与时俱进，要发展创新，要引入国外先进的教育经验和课程开发技术。随着经济全球化的发展，各式各样的学前教育教学机构开始出现，国外一些先进的儿童教育课程也开始传入我国，如在家长中人气很高的全脑开发或者左右脑平衡等课程。引入这些国外先进的育儿课程当然无可厚非，但是从目前我国学前教育专业的发展现状来看，大多数学前教育的专业院校并没有增设与这些育儿课程相关的理论学习课，学前教育专业的学生只能大致了解全脑开发或者左右脑平衡的概念内涵，并没有机会深入学习和研究这些先进的育儿理念，更谈不上运用了。传承性一般是指课程内容的开发要传承和弘扬我国优秀的传统文化，帮助儿童从小树立文化自信，培养其文化传承的意识。学前教育相关机构可以将我国优秀的传统文化作为办学办园的主旨，打造以传统文化

---

[1] 郑启云. 实践取向的学前教育专业教育类课程课堂教学改革 [D]. 长沙：湖南师范大学，2020.

为主题的学前教育场所，为儿童营造一个沉浸式学习传统文化的课堂氛围。从可持续性发展的角度来看，当下我国的学前教育亟须建立数字化的教育教学体系，建设数字化的教育资源中心及数字化的课程开发中心。在数字化信息领域，我国长期处于引进国外先进技术和资源的状态，因此，自主研发和建设一个相对灵活和开放的课程开发体系，对我国学前教育的未来发展至关重要。

三、课程开发的模块设置

目前，国内外关于课程开发模式并没有一个统一的定义。学前教育行业的专家和学者普遍认为，课程开发模式是指为了达到预期的教育成果而特别制定的教育实施政策或计划。从本质上看，学前教育的课程开发模式是指由资深的学前教育专家组成研发小组，共同开发一种概念化的儿童教育模式。这种儿童教育模式能够辅助国家教育部门或者学前教育机构作决策，也能为学前教育的各种教育教学实践活动提供一种理论模型的支持。但是，这种概念化的儿童教育模式需要整合国内外先进的教育理念和课程理论，才能发挥该教育模式的核心功能和作用。

从课程模块的设置上看，不同地区的学前教育机构对儿童教育课程的结构划分不尽相同，甚至呈现出一种巨大的差异性。导致学前教育课程模块多样化和差异性的主要原因，是我国高校在学前教育专业的人才培养方案上缺乏统一的标准。单从学前教育专业的角度来看，不同高校在学前教育专业课程的划分上存在分类不合理、差异太大、理论和实践失衡等诸多问题。例如，当下学前教育专业课程的模块设置就有四五种分类方法及七八种课程模块设置，甚至有的高校将学前教育专业的课程划分增加到11个课程模块设置。由于学前教育专业课程的内容不同，这就导致了学前教育教师在教学过程中无法统一实施教学内容和教学活动。此外，学前教育专业各个课程模块的学分差距过大，也会导致学前教育专业的学生在理论知识和专业技能的学习上存在较大的差异。这会间接影响他们未来在学前教育机构的工作状态和教学理念，甚至会对学前教育的课程开发产生不利的影响。

当下我国学前教育的课程开发离不开众多专业技能够强、职业素养过硬的学前教育教师。从他们所学的专业课程可以看到，儿童教育的课程开发模块需要更多先进、系统的学科理论作支撑。例如，学前教育教师必须学习与儿童教育相关的心理学课程、哲学理论课程、生理卫生课程、语言学习课程及儿童游戏课程等。此外，学前教育教师还需要学习幼儿园管理的相关课程（如学前教育机构的组织管理课程、学前教育的相关法律法规等），以加强自己组织管理的能力。对学前教育教师来说，学前教育教师职业发展课程和职业素养培训课程也是他们必须精修的专业理论课程。综上所述，学前教育教师无论是在自身专业课程的学习上，还是在参与儿童教育课程模块的开发上，都需要具备将诸多教育理论转化为实践成果的强大能力。同时，学前教育机构也要顺应我国教育改革的发展方向，将学前教育的课程开发落实到学前教育教师的教学实践中，帮助学前教育教师完成学前教育教学的最终目标。

四、课程开发的实践取向

实践理论是当下我国学前教育的主流研究方向。"实践"一词，最早出自马克思的哲学理论。实践取向是指以实践为核心的价值取向。实践取向本质上是一种做事的观念和方法，如学前教育教师可以通过实践的过程来判断和选取有利于达成教育结果的方向。[1]从我国学前教育育人的目的来看，学前教育的课程开发不能以知识灌输为主，而是要以儿童的成长发展为核心，同时注重课程开发的实践性意义。目前，学前教育课程开发的实践取向主要有敷衍了事型、结果导向型、动态变化型、联合创造型等四种类型的实践取向。

敷衍了事型的实践取向，主要是指学前教育教师在课程开发和实践的过程中表现出一种敷衍了事、马虎凑合的消极态度。这主要是因为学前

---

[1] 敖敦 . 学前教育专业课程的教学现状及策略分析研究 [J]. 黑龙江教师发展学院学报，2020，39(1):54-56.

教育教师太过于注重教育结果的反馈评价，他们在课程开发和实践的过程中总是希望少犯错。如果没有按照预先设置的课程进行课堂教学，他们就会变得非常悲观和焦虑，甚至会怀疑最后的教育目标能否如期完成。在如此巨大的心理压力下，他们完全没有多余的时间和精力去探索、构想和实施课程开发的创新方案。

结果导向型的实践取向，主要是指学前教育教师有条不紊地按照预先设置的课程进行课堂教学。在这一点上，结果导向型的实践取向看似与敷衍了事型的实践取向一致，但是二者在本质上又大不相同。最根本的区别在于，结果导向型的实践取向是完全可控的。也就是说，学前教育教师会以预期结果为导向对整个课程开发和实施的过程做大量的测试，从而确保教育的结果能达到预期的目标。即使未完成预期的教育目标，他们也能从测试中找到阻碍目标达成的核心因素，然后通过优化调整课程开发和实施的过程，让教学的有效性结果依然能够如期实现。

动态变化型的实践取向，主要是指学前教育的课程开发和实施由不同人员参与，双方需要在动态的变化中对课程开发和实施计划共同进行优化调整的过程。这是因为学前教育的课程计划在实践过程中总是会碰到难以预料的问题，课程开发人员并不能在第一时间了解这些现实问题的来龙去脉，于是在课程开发的优化和调整上就会耽误很多时间。因此，课程实施人员必须与开发人员紧密配合、相互协作，时刻关注对方的工作进展情况。

联合创造型的实践取向，主要是指学前教育教师将课程开发和实践的部分工作交由儿童去自由创造和发挥。通过这种联合创造的课程开发模式，教师和儿童能够在不同的教育场景中获得双向成长的经验，以及互动关系的进一步升级。这种实践取向意味着儿童创造力的全面解放，对于学前教育教师来说，也是一次与儿童深入互动和协作的全新体验。

第三节　相关的理论基础

一、资源配置理论

资源是指所有物质和精神积累到一定程度的产物。在学前教育领域，资源往往被认为是开展教育教学活动的人、财、物等基础条件。随着时代的发展，教育资源的内涵意义也发生了改变，从以往的人、财、物发展到现在的课程开发、课堂教学、信息技术、文化传承等多维资源的融合。资源配置理论的核心理念是，通过科学、合理地分配这些学前教育资源来实现我国学前教育的均衡发展和人才培养的根本目的。学前教育作为我国整个教育体系中的初始教育环节，在资源配置上要绝对慎重，要保持客观、公正，让所有适龄儿童能够在同一起跑线上健康、快乐地成长。因此，学前教育的资源配置要严格遵守均衡分配的核心原则，并且把握学前教育资源配置的四大要素。

第一，要确保教育资源配置的合理性。合理性并不是说教育资源的配置一定要实现平均分配，而是通过运用资源均衡分配的理念有效分配、利用和管理教育资源，满足学前教育的受体、主体及国家等多方的需求。简单来说就是，所有儿童都能享受到学前教育的基本权益，也都能有机会利用优质的教育资源实现个人的成长和发展。对于学前教育的主体机构来说，教育资源的均衡分配有利于不同幼儿园之间的公平竞争和高质量发展。对于国家来说，教育资源的均衡分配有利于缩减我国不同经济发展地区之间的教育水平差距，从而全面提升我国学前教育的办学质量。

第二，要防止教育资源浪费现象的频繁发生。从我国学前教育的资源配置现状看，学前教育机构或多或少存在资源浪费的情况，这是由于资源配置在全国各地并没有建立起一个相对清晰、明确的执行标准。因此，学前教育机构理应从园区内部组织建立一个资源监管部门，主要负责监测办学资金的使用情况，以及园区内所有资源的利用情况，从源头杜绝教育资源浪费情况的发生。

第三，要确保教育资源的高效利用。教育资源的配置不仅要遵守公正、客观的原则，也要重点关注资源分配利用的效率。对经济发展欠佳的地区来说，学前教育相关机构只有高效率地使用教育资源，才能使自身与经济发达地区之间最大限度地保持教育公平。而经济发达地区在资源利用的效率上，自然要比经济发展欠佳的地区好一些，但这并不影响我国学前教育资源的整体利用情况，反而能促使全国教育资源配置达到一种动态的平衡。

第四，要寻找教育资源扩充的途径。随着互联网的发展，学前教育资源的配置、利用和管理也将迈入新的阶段。学前教育的相关机构要充分运用互联网跨时空、跨地域联系的优势，打造一个优质教育资源、优秀教育理念的共享平台。通过资源共享和教学互助，实现教育资源扩充的目的。

二、教育公平理论

首先，在讨论教育公平时，我们要充分理解教育公平的本质是让所有人都能平等地接受教育。对我国社会大众来说，接受教育和不接受教育有着根本性的区别。接受过良好教育的公民不仅能习得社会生存的本领和专业技能，也能更有尊严地生活，以及行使公民的权利，履行公民的义务。其次，从教育公平的本质来看，教育公平理论的核心内容是指接受教育的机会平等。机会平等是指当所有适龄儿童本身存在差异时，他们能够获得公平、公正的教学待遇，也能够平等地享受到优质的教育资源。只有当教育公平从儿童做起时，我国的教育矛盾才可能得到缓和。最后，教育机会的平等也指儿童在接受教育的全过程中权利平等、机会平等，可以说涵盖了学前教育的起跑点、过程和终点三个关键阶段。在每个教育阶段，适龄儿童都能享有公平、公正的待遇，以及平等使用教育资源的权利。

与国外完善的学前教育体制相比，我国的学前教育体制依然需要教育部等相关部门加大管理力度和资源投入力度，尤其是需要通过法律途径维护教育公平和儿童受教育的权利。从我国学前教育的起跑线来看，由于不同地区的经济发展和教育政策不同，学前教育的公平性在全国各区域及城乡之间的差距非常大。据相关数据统计，我国东部沿海地区和中西部之间的学前教育差距正在逐年扩大，而城乡之间的学前教育差距更是如此。城市学前教育所拥有的优质教育资源占比明显超过农村学前教育。准确地说，当城市的适龄儿童家长还在纠结哪一所幼儿园位置更好、师资力量更强的时候，农村只有不到70%的适龄儿童能够接受学前教育。至于那些师资队伍优质且教学质量上乘的幼儿园，农村的适龄儿童家长更是想都不敢想。

另外，影响学前教育公平的因素还包括教学理念的不统一、师资队伍的不均衡、学业评价的不标准等诸多现实问题。从教学理念的角度来看，由于学校和专业的差距，学前教育教师在儿童学前教育的观念上呈现出明显的差异。此外，虽然我国教育部等相关部门已经明确规定了幼儿园的教学内容和学习课程，但是并没有强制性要求学前教育机构统一执行所有的政策内容，这就导致不同地区的幼儿园可能有着完全不同的教学内容和教学方式，不过可以确定的是，所有幼儿园都是以人才培养和自身发展为目标来进行课程开发的。从教育公平的角度来看，教学理念和教学课程内容的不同也会导致儿童受教育的不平等。尤其在面对儿童本身的差异性时，部分学前教育教师往往会选择忽视这种差异，并不能真正地运用因材施教的理念帮助儿童平等成长。在学业评价标准方面，不同的幼儿园会采用不同的评价机制和评价标准。那么学前教育的结果是否符合教育公平的理论，自然也无法准确地判定和得出结论。

三、反思性实践理论

反思性实践理论最早由美国著名的教育学家唐纳德·舍恩提出。在他的相关理论著作中，反思性实践主要包含两个层面的意思，即"对行动进行反思"和"在行动中反思"。随着我国教育实践理论的发展，反思性实践理论的诸多观点逐渐被国内教育专家和学者接纳。一方面是因为反思性实践理论丰富了我国的教育理论体系，彻底改变了我国以往以技术实践理论为主的学术环境。另一方面是因为反思性实践理论重新定义了理论与实践之间的相互关系，肯定了教育实践的先导性作用要大于理论的演绎性作用。总之，反思性实践理论为我国学前教育的实践工作提供了更多理论参考的依据，也让更多教育研究者能够深入了解学前教育的实践工作，并且为学前教育的实践者带来更大的话语权。

反思性实践理论是建立在实践认识论之上的理论。当学前教育的实践面对各种矛盾冲突及不确定因素时，以往的技术性实践理论就无法发挥出其应有的作用，而教育实践者也无法通过利用理性技术来解决实践中产生的各种现实问题。这个时候就需要实践者转变思维，从全局的角度去判断和分析学前教育的实践活动，并且通过在行动中不断反思找出问题的原因，提出相应的解决方案。此外，舍恩还提出一个新的称为认知沉默理论的概念。认知沉默理论是指任何人都无法在实践的过程中描述自己判断的原则和行动的理由。即使这个人是一名出类拔萃的教育实践者，一旦投入实践的工作中，他就会自然而然地按照自己熟悉的过程和规则进行实操。这是因为在实践的过程中，人的认知和感悟是在沉默中悄然发生的。

一般来说，越是专业的实践者越符合这种认知沉默理论。当他们在处理实践过程中的各种矛盾冲突及不确定因素时，他们会变得非常依赖在行动中反思、认知、感悟的过程，并且在经历过相当多类似问题的处理之后，他们解决实际问题的水平会显著提升。当再也遇不到新的问题点和矛盾点时，他们解决问题的能力将趋于稳定。这个时候反而是他们由实践者向专家领域跨越的关键时期，他们的实践认知也会趋于沉默。所以对于实践者来说，实践与思考并非割裂地存在。"在行动中反思"既体现了思考认知在实践过程中的重要性，也提醒了教育的实践者所谓的实践并非机械式的操作，而是将思考认知和理论学习融入行动之中，提高自身解决问题的能力，持续推动个人的成长和发展。

四、人本主义学习理论

人本主义学习理论最早是由美国心理学家罗杰斯提出的。通过此理论，他开创了以人本主义为核心的心理学流派。人本主义是指将学生作为教育过程的主体，充分理解学生的内在性格和外在行为，充分发挥学生自主学习的能力，帮助学生实现人生的目标和价值。

从罗杰斯的人本主义学习理论来看，学前教育的主要目标是让儿童在不断变化的环境中实现自我学习、自我成长。因此，学前教育的核心工作应该是培养儿童的自我学习能力和创造能力，而不是强制灌输理论知识。在学习与生活层面，学前教育教师应帮助儿童培养独立自主的能力，从而使他们更容易适应学校内的生活环境；在行为举止层面，人本主义学习理论要求学前教育能够培养儿童独立自主的性格，为将儿童打造成一个思想独立、行为符合我国社会主义核心价值观要求的新型人才打下基础。即使在面对不断变化的社会环境时，他们也能够跟随时代的发展变化而展现出强大的生存本领和积极乐观的思想意志。在面对人生的众多选择时，那些接受过人本主义学习理论教育的儿童，能够比受普通教育的儿童更有担当，更加敢于选择自己的人生和未来。

在学习观念上，人本主义学习理论要求儿童接受有意义的学习教育，而不是沉浸在无感情的机械式的学习教育中。从我国的义务教育教学来看，这种无感情的机械式的教育方式已经成为学生学习生活的一种常态。学生在接受这种学习教育的过程中，并没有真正地投入个人情感，也没有深刻地理解生而为人的价值与意义，只是一味地将"死读书"当作学习生活的全部内容。对于儿童未来的成长发展来说，这样的教育模式简直是灾难性的。人本主义学习理论所提倡的有意义、有价值的学习教育，实际上是指学生要学会借鉴他人学习和成长的经验，并且具有懂得学习、学会学习的能力。从学前教育的角度来看，这种学习教育模式能够帮助儿童少走弯路，更快更好地实现个人的成长。即使当儿童进入义务教育的学习阶段，这种有意义、有价值的学习教育模式也能让他们更快地适应新的环境，融入新的班级团队。这种学习教育的本质是将他人的经验叠加到自己身上，以此增加自己的人生经验。在面临人生的重大选择时，学生就可以通过综合运用自己的知识经验、智慧情感和思维逻辑做出正确的选择。

第三章 我国学前教育发展的现状

第一节 我国学前教育发展取得的成就

一、学前教育规模不断扩大

党的十八大至今，国家坚持为党育人、为国育才，以不断实现"人民群众对幼有所育的美好期盼"为目标，不断推进学前教育事业蓬勃发展和社会公共服务系统建设，并取得了可观的成就。

一是幼儿园数量和在园儿童数量显著增加。截至2021年，全国幼儿园总数已达29.5万多所，相较2011年增加了12.8万所，增长了近77%，有力保证了日益扩大的社会适龄儿童的入园需要。2021年，全国幼儿园在园幼儿数量达到4805.2万人，较2011年增加了1380.8万人，我国学前教育三年平均毛入园率从2011年的62.3%提高到2021年的88.1%，增长了25.8个百分点，并且毛入园人数仍在持续增加。[1]学前教育规模不断扩大，缓解了学龄前儿童"入园难"的困境，有效保障了适龄儿童受教育的权利。

二是教育普惠程度明显上升。2021年，我国的普惠性幼儿园（包括公办园和普惠性民办园）数量达24.5万所，约占全国幼儿园总数的83%，其中公办幼儿园12.8万多所，较2011年增长了149.7%。公办幼儿园发挥着兜底线、保基本、平抑收费、引导发展的重大功能。2021年，我国普惠性幼儿园在园儿童占比达87.8%，较2016年增长了20.5%（2016年已开始计算普惠性幼儿园在园儿童占比），其中12个省份超过90%，教育普惠程度大幅度提高，切实保证了绝大多数儿童享有普惠性学前教育的

---

[1] 人民网，见 http://cpc.people.com.cn/n1/2022/0428/c64387-32410777.html.

权益。[1]

三是城乡学前教育公共服务体系建立。2021年，农村普惠性幼儿园覆盖率达到90.6%，在乡镇幼儿园的建设中，以"大村独立办园、小村联合办园"为基础，逐步达到了一个农村地区基本办有一个公办幼儿园的水平。在城镇，深入开展了城乡小区配套园整治行动，累计整治2万多所幼儿园，增加普惠性幼儿学位416万个。[2]未来将不断扩大城市普惠性教育资源，以适应不断发展的城镇化进程的需求。城乡学前教育服务系统的初步建立，学前教育服务系统的逐步完善，初步实现了老百姓在家门口就能上幼儿园的需求，节省通勤的人力和时间成本。

四是学前教育区域的城乡差异显著减小。十多年来，全国新建的幼儿园80%左右集中在中西部地区，其中60%左右分布在农村。近十年，毛入园率上升幅度达到30%的13个省份基本上在中西部，"三区三州"（"三区"是指西藏自治区和青海、四川、甘肃、云南四省藏区，以及南疆的和田地区、阿克苏地区、喀什地区、克孜勒苏柯尔克孜自治州四地区；"三州"是指四川凉山州、云南怒江傈僳族自治州、甘肃临夏州）等原深度贫困区域入园率也明显提高，甘肃省临夏州从15.8%增长到95.5%，云南省怒江傈僳族自治州从25.6%增长到90.01%。[3]随着中西部地区和农村幼儿园数量和入园率的快速增长，学前教育地区的城乡差异已显著减小。

二、学前教育教师队伍不断优化

除了讲授专业知识这个基础工作外，教师也必须充当孩子认知行为的支持者、引导者、合作者的角色，其重要性不容小觑。近年来，在国家和教育部门的支持下，学前教育教师队伍整体水平得到了有效的提高。

一是学前教育教师数量显著增长。2021年，全国幼儿园校长和专任教师总数超过350万人，较2011年增加200万人，提高了1.3倍，生师比由

[1] 人民网，见 http://edu.people.com.cn/n1/2024/0517/c1006-40237657.html.
[2] 人民网，见 http://edu.people.com.cn/n1/2022/0426/c1006-32409240.html.
[3] 人民网，见 http://edu.people.com.cn/n1/2022/0426/c1006-32409240.html.

2011年的26:1下降到了2021年的15:1，并基本实现了"两教一保"（在幼儿园中每个班配两名专任教师和一名保育员）的配备标准，教师资源紧缺问题得到有效缓解，学前教育发展更加规范、科学。教师队伍规模的扩大，得益于配套院校培养体系规模的不断扩大。2021年，我国设立学前教育专业的本专科院校达1095所，相较2011年增加了591所，提升约1.2倍。毕业生超过26.5万人，较2011年增加23.1万人，提高了约6.7倍。教育人才输出的持续增加为学前教育的师资力量提供了坚实的基础。[1]

二是学前教育教师专业素养显著提升。全国学前教育师资学历水平大幅提高，学历结构也发生明显变化。2000—2020年，通过21年的发展，我国学前教育教师规模不断扩大，师资水平也日益提高，具有专科、本科学历背景的教师人数不断增加，并成为学前教育教师学历层次的主要构成。2021年，专科以上学历的园长和专任教师占比达到87.8%，相较2011年增加了24%。国家持续开展幼儿园教师的"国培计划"，2012—2020年累计投资43亿多元，培养幼儿园教师超过243人次，教师专业水平明显提升。[2]中国学前师资学历水平的提高，也推动了学前教育教师分布结构的不断优化，推动了我国学前教育质量和水平的进一步提高。

三、学前教育经费投入增加

学前教育事业的发展需要资金支持作为后盾。近年来，在财政的资金支持和政府帮助下，学前教育取得了快速发展。

一是学前教育资金投入持续增长。十年来，全国学前教育资金投入力度持续加大。2020年，全国财政性学前教育支出2532亿元，较2011年的416亿元增加了约5倍。[3]大额的投资为学前教育发展提供了巨大的财力保障，有效解决了我国学前教育经费不足的问题。2000—2010年，我国学前教育资金投入虽然处于持续上升态势，但增速较为迟缓，占教育经费

[1] 人民网，见 http://edu.people.com.cn/n1/2022/0426/c1006-32409240.html.
[2] 人民网，见 http://edu.people.com.cn/n1/2022/0426/c1006-32409240.html.
[3] 人民网，见 http://edu.people.com.cn/n1/2022/0426/c1006-32409240.html.

总投入比一直处于1.5%以下。自2010年以来，由于学前教育费用在我国的教育经费中占比迅速增加，2019年我国的学前教育费用在我国教育经费中的占比超过8.17%。2020年，国家财政性教育经费占比由2011年的2.2%增加到2020年的5.9%。同时，中央政府对扶持学前教育的专项资金经过十年累计投入超过1700亿元。[1]我国公共财政对学前教育的扶持力度持续增强，为学前教育事业的蓬勃发展提供了有力支撑。

二是财政制度体系建立。一方面，根据成本分担制度的要求，各地区都制定了公办园幼儿生均公用经费标准或生均财政拨款标准、普惠性民办园补助标准，并按照业务的需要不断优化完善标准，为幼儿园办园提供经费保障。同时统筹考量经济社会发展状况、公众承受能力和办园效益等各种因素，动态调节公办园收费标准，制定普惠型民办幼儿园最高收费限价，有效维护园区正常运行。另外，政府补助机制也不断完善，2012—2021年各级财政累计投资752亿元，累计补助了家庭经济困难的儿童6232万人次，有力保证了家庭经济困难儿童、孤儿和残疾儿童平等享受学前教育的基本权利。[2]

第二节　我国学前教育发展供给现状

一、学前教育供给主体状况

学前教育供给主体主要包括政府、市场、社会。

政府作为主要供给主体，供给对象的主体形式是公办园。公办园资金来源于公共资本，主要有教办园和政府机关办园两种类型，目前仍以教

[1] 人民网，见 http://edu.people.com.cn/n1/2022/0426/c1006-32409240.html
[2] 人民网，见 http://edu.people.com.cn/n1/2022/0426/c1006-32409240.html

办园为主。教办园由国家财政负担全部办园费用，园内的所有固定资产均属于国有资产。政府机关办园主要服务于地方行政机构人员，由于相应的适龄儿童规模较小，因此政府机关办园在整体数量上占比较少。政府作为学前教育供给主体，意义重大。一方面，由于学前教育同样具备消费非竞争性和受益非排他性的特点，因此一般也被学术界视为同样具备准公共服务产品的性质和公益性，同样，由于学前教育直接关乎国计民生，也具备补偿社会公平、维持社会稳定等价值。通过政府的直接供给，就能确保学前教育产品供给效益的最优化，以及其正向外部性的发展。另一方面，所有学龄前儿童享有接受学前教育的权利。学前教育的平等性原则，就是要保障入园机会及在园教育的平等。政府成为教育供给主体，通过行使其行政职能可以保证学前教育的平等性。政府在学前教育供给中还有另外一项重要职责，就是行使对市场和其他主体的服务质量进行监督、管理权利，提供一定的资金支持和制度辅助，保障学前教育的公益性和普惠性。

市场作为供给主体，供给对象的主要表现形式为民办园。民办园是市场经济制度的产物，通过市场化的方式筹集资金，有效缓解公共财政经费不足的问题。同时因其具有灵活性，能够满足多样性和多元化的入园诉求，为学前教育的丰富性提供有力支撑。

社会作为供给主体，其供给形式是城市企事业单位办园和农村集体办园。这类幼儿园虽然与传统公办园类似，却不同于公办园，办园经费由地方政府或举办方提供，主要方式包括租金减免、专项资金补助等。由于经费来源属于非国家财政性的教育资金，故称其为公办性质的幼儿园，在某种程度上具有不稳定性。

政府、市场、社会作为学前教育供给的三个主体，不是相互独立的，一直是并行存在的。在不同的社会历史时期，三者的主体地位各不相同，相互博弈却也能各司其职。随着社会文化的发展，每个阶段由其中某个主体居主导地位，但最终归宿都是统一的，即完成学前教育的发展目标。

近年来，为切实缓解"入园难、入园贵"的突出民生问题，国务院制定了许多指导性政策措施，学前教育供给体系也因此出现了史无前例的巨大变化。

一是追求公益普惠成为建设我国学前教育服务体系的主要基调。公办幼儿园是普惠性学前教育公共服务体系的支柱。2010年11月，国务院办公厅印发的《关于当前发展学前教育的若干意见》（又称"国十条"）中明确提出"发展学前教育，必须坚持公益性和普惠性"，"坚持政府主导"，既重申了学前教育事业的公益性和普惠性，也突出了政府在开展学前教育事业公共服务建设中的主导作用和核心责任。一方面，公立幼儿园也是普惠性学前教育服务系统的重要支柱，政府作为公办幼儿园的主要供给方，理应发挥公办园"覆盖""主导""兜底"等作用。另一方面，为了达到教育普及、普惠的总体目标，单纯依赖政府投入财政经费是不够的，在这一过程中政府部门必须通过引导、监督、支持等角色的实践，以促进市场多元化的主体协同供给，并推进市场供给秩序的良性运转与发挥。

二是政府部门、市场并驾齐驱，共同作为学前教育人力资源重要的供给基础。"国十条"中明确提出，应当坚持"政府主导，社会参与，公办民办并举""多种形式扩大学前教育资源"。因此，"扩公扶民"作为各地区政府主动响应国家优惠政策的主要措施，具体体现为地方人民政府通过建设、改造和建设小区配套园等大力发展公办园，通过购买服务、减免租金、以奖代补、派遣公办教师等手段，支持建设普惠性民办幼儿园。在部分发达地区，如上海、江苏、浙江、广东等地已经形成了相对健全的鼓励普惠性民办幼儿园迅速成长的政策体系。政府和市场在民办学前教育工作中的关系是"政府大力支持，市场有限主导"，呈现"强市场、次强政府"的局面。

总的说来，这一时期，为了达到公益普惠的发展宗旨，学前教育供给的职责逐渐由政府部门主导转变为政府和市场协同并举，克服了社会历史时期政府全面主导、社会化生产带来的局限和不足，从而实现学前教育供给的有效优化与社会公共效益的显著提高。

二、学前教育财政供给状况

学前教育事业的蓬勃发展离不开财政的扶持与保障。我国学前教育发展曾经历过经费不足、基础底子单薄的困难阶段，但随着社会主义市场经济建设的蓬勃发展，我国社会对学前教育的重视程度逐步增加，通过各种优惠政策扶持，我国社会对学前教育事业的投资也逐步扩大，学前教育财政供给呈现向好的趋势。

国家统计局资料显示，从2010年开始，我国公共财政中的教育经费投资规模逐渐扩大，学前教育财政投入也呈现逐渐扩大的态势。2019年，全国教育经费总投入为50175亿元，同比增长8.76%，其中，全国学前教育经费总投入为4099亿元，在各级各类教育中增长幅度最大，同比增长11.63%；2019年学前教育经费占比为8.17%。这表明政府近年来对学前教育财政投入的支持力度已经落到实处。近年来，学前教育财政投入增长速度较快，增幅较大，但与其他教育阶段相比，在投入力度、经费结构等方面仍有优化空间。

三、学前教育师资供给状况

一方面，我国学前教育师资规模明显扩大。2010年，我国幼儿园专任教师规模仅为114.4万人，2019年达到276.31万人，是2010年的2.42倍。师资供给总量显著提升，为学前教育发展提供基础保障。与此同时，2010年我国幼儿园生师比为26:1，2019年达17:1，生师比显著下降。教师数量增加具有重要作用，使学前教育质量得到了一定程度的保障。但这个比例与教育部规定的生师比标准10:1~15:1还有一定的差距。

另一方面，学前教育专任教师的专业素质不断提升。教师的学历水平反映其专业素养和受教育的程度，是影响学前教育水平的一个重要因素。教育部统计数据显示，2019年，我国幼儿园园长和专任教师中专科学历占57.83%，本科学历占25.47%，高中毕业学历占14.89%，高中阶段以下毕业的占1.54%。值得说明的是，专科学历人数在不同学历分布中占比最大，为学前教育教师队伍的主体。从2017年起，本科以上人数占比超过了高中及以下学历人数的比例，推动了学前教育教师学历格局的变化，幼儿园专任教师学历以专科和高中及以下为主的局面被取代，以专科和本科及以上为主的学历构成了新型的教师队伍。教师专业水平提高，师资力量在不断增强。

四、学前教育制度供给状况

学前教育事业的发展离不开法律法规的引导、规范作用。党的十八大以来，我国对学前教育事业发展的关注程度空前提高，相继颁布了许多推动学前教育发展的政策性文件，具体见表3-1。

表3-1　我国学前教育发展的政策性文件

时间	文件名称
2010年5月	《国家中长期教育改革和发展规划纲要（2010—2020年）》
2010年9月	《托儿所幼儿园卫生保健管理办法》
2010年11月	《国务院关于当前发展学前教育的若干意见》
2011年8月	《中国儿童发展纲要（2011—2020年）》
2011年12月	《幼儿园收费管理暂行办法》
2012年10月	《3~6岁儿童学习与发展指南》
2012年8月	《国务院关于加强教师队伍建设的意见》
2013年1月	《幼儿园教职工配备标准（暂行）》
2014年11月	《关于实施第二期学前教育三年行动计划的意见》
2015年7月	《中央财政支持学前教育发展资金管理办法》
2016年11月	《幼儿园建设标准》
2017年4月	《教育部等四部门关于实施第三期学前教育行动计划的意见》
2018年11月	《中共中央 国务院关于学前教育深化改革规范发展的若干意见》
2019年1月	《关于开展城镇小区配套幼儿园治理工作的通知》
2019年9月	《关于做好城镇小区配套幼儿园整改工作的实施意见》
2020年9月	《中华人民共和国学前教育法草案（征求意见稿）》

2010年颁布的《国家中长期教育改革和发展规划纲要（2010—2020年）》，明确了我国学前教育工作的具体目标。2019年1月国务院印发的《关于开展城镇小区配套幼儿园治理工作的通知》，确保了小区配套园的普惠性服务功能得以落实。这一系列政策在一定程度上保障了学前教育的稳定、规范发展。在学前教育相关政策制度陆续出台的过程中我们不难发

现，学前教育立法依然处于空白状态，这也是学前教育发展中的巨大缺失。直到2018年出台的《中共中央 国务院关于学前教育深化改革规范发展的若干意见》中才明确提出了"研究制定学前教育法"，将学前教育法的起草正式提上日程。

党的十八大提出"办好学前教育"，党的十九大要求"在幼有所育上取得新进展"；2018年印发的《中共中央 国务院关于学前教育深化改革规范发展的若干意见》进一步明确了学前教育公益普惠的基本方向，提出了推进学前教育普及、普惠、安全、优质发展的重大政策举措，这是自1949年以来，首次以中共中央、国务院办公厅名义专门印发的学前教育文件精神，有着重大的里程碑意义，也充分体现了中央政府对全国亿万学龄前幼儿的关心和做好学前教育的坚定信心。

我国已先后多次制订行动计划，通过中央财政建立的支持学前教育改革健康发展专项资金，实施了多项学前教育的重大项目。地方各级人民政府切实做好实施工作，坚持不懈地推动学前教育持续快速健康发展。社会各界也逐步形成了广泛共识，各级党委、人民政府和有关主管部门越来越意识到"投资学前教育就是投资未来"，广大的学前教育工作人员也越来越意识到尊重学前教育规律对孩子身心发展的关键作用，父母将子女送入校园接触学前教育的意愿也越来越迫切，在整个社会形成了广泛关注并支持办好学前教育工作的良好氛围。

2020年9月，教育部颁布了《中华人民共和国学前教育法草案（征求意见稿）》，这在学前教育立法进程中迈出了重大一步。与此同时，2010—2020年，我国完成了《幼儿园收费管理暂行办法》《幼儿园教师专业标准》《幼儿园园长专业标准》《幼儿园工作规程》《幼儿园建设标准》等规范标准的制定和修改工作，对提升幼儿园所的办园管理水平起到了很大的帮助。

第三节　我国学前教育发展存在的问题

一、学前教育发展不平衡

我国学前教育取得了可喜的成绩，但仍然面临着发展不平衡的情况，主要表现在如下四个方面。

第一，民办幼儿园占据主体地位。早年间教育主管部门一直履行着政府办园的主体责任，但随着教育市场体制改革，以及市场经济建设的蓬勃发展，民办幼儿园迅速发展，教育主管部门办园数量逐步减少。民办园数量快速增长，同时占比也在增加。2017年，我国共有幼儿园25.50万所，比上年增加1.51万所，增长6.31%，其中，民办幼儿园的数量从2003年的5.55万所增加到2016年的15.42万所，占比63.4%，呈逐年递增趋势。民办幼儿园的规模扩大，给更多的学龄前儿童创造了一个接触学前教育的平台，但长期占据主体地位，则不利于学前教育的公平性和普惠性。

第二，城乡发展不均衡。首先，城市幼儿园在师资水平、软件服务、硬件设施、教学理念等方面，较农村幼儿园有着十分明显的优势。农村幼儿园硬件设施和条件较差，师资力量薄弱，教具、玩具都非常匮乏，加上农村环境面向留守儿童，幼儿园的作用更多的是一种看护和玩耍，而脱离了教育的使命和本质。同时，由于幼儿多教师少，难以对每一个幼儿进行全面照护。其次，农村幼儿"入园难"的问题凸显。农村幼儿园的发展，由于财政投入结构失衡这一根本原因，部分地方政府为了政绩，盲目撤除分散的村办园，集中财政力量用于乡镇中心园的扩大建设上。殊不知打造的是"面子工程"，虽然提高了乡镇中心园的办学条件，但由于乡村地广人稀、村落分散，反而增加了入园通勤时间和人力成本，导致大量农村儿童"入园难"的问题出现。根据国家统计局的数据，2015年，我国学前三年毛入园率已达到75%，其中城市地区已接近100%，而农村地区（镇区和乡村）大约只有60%。2014—2015年，城市入园（班）人数增长率为3.13%，而县城和农村只有0.23%。最后，城乡公办园和民办园发展不均衡。公办园得益于财政支持和相关部门的管理，学前教育体系较为成熟，包括硬件、软件、运营管理、师资力量、课程体系等各方面条件相对较好，但整体数量较少，学位资源紧缺。民办幼儿园则普遍存在硬件与软件设施不完备、运营管理不规范、师资力量薄弱、课程体系不完整等问题。少数城市的优质民办园则是通过提高收费来满足办园需求的，但是这样一来，资金压力就转移到了每个家庭身上，更加凸显了"入园难"的问题。现阶段学前教育成本分摊仍然是个难题，政府和社会负担的部分较低，而家庭特别是广大中低收入家庭的成本负担比率过高，这就进一步激化了学前教育的供需矛盾。[1]无法进入公立幼儿园的家庭就不得不选择收费较高的民办幼儿园，也因此要支付较高的学杂费，背负更多的学前教育成本。特别是城市孩子，根据国家统计局的数据，2007年城区孩子在民办幼儿园入学的数量占比为50.26%，2017年增至64.99%，而县镇幼儿民办园入学数量占比从2012年的52%增至55.97%。

第三，针对弱势儿童学前教育保障力度不够。由于缺乏专项的财政支持和制度保障，目前仍有许多残疾儿童、流动儿童、留守儿童、家庭贫困儿童等处境不利的儿童未能正常地接受学前教育。根据教育部公布的数据，2019年我国3~6岁残疾儿童总数为13.59万，在园残疾儿童数量仅有5.86万，入园率仅为43.12%。这与我国正常儿童入园率相比存在较大差距，残疾儿童的学前教育很难获得保障。除此之外，我国流动儿童和留守儿童学前教育问题也一直未得到有效解决。我国仍有四成左右的流动儿童

[1] 冯永刚，刘浩.学前教育 [M].济南：山东大学出版社，2009.

和留守儿童未能接受学前教育。由于城市公办园距离远，除学杂费外还需缴纳赞助费，许多流动儿童无法在城市公办园入学。农村地区幼儿园由于数量短缺、师资配备不到位、保教质量较低，导致留守儿童学前教育难以得到基本保障。

第四，教学理念认知不当。一是对寓教于乐的认知不够深刻、全面。在"全民鸡娃"的时代背景下，不少父母觉得孩子一定要赢在起跑线上，过分关注于知识掌握，反而忽略了孩子的身心发展规律。对学龄前儿童的学习都是在游戏中完成的教育理念并不认同，甚至顽固地认为游戏教学是浪费时间，不务正业。由于理念的分歧和矛盾，部分家长对教师日常教学活动的配合程度较低，在某种程度上也妨碍了家庭教育目标共同的实现。另外，由于现行学前教育教学活动采用的形式单一，给游戏教育开展造成了不少障碍。目前，学前教育发展中心对幼儿园课程游戏化的规划不够完整，存在理论和实际结合不够紧密、形式大于内容的情况。教师在教学活动的开展中出现理论与实践脱节的情况，存在理论不扎实或者空有技术但理论欠缺的情况，在实际执行活动中障碍与挑战接踵而至。课程中对于游戏化的展示部分，很多时候是形式大于内容，只是为了应付各种观摩和检查。同时，过于注重纪律性与服从性，在一定程度上扼杀了儿童的个性发展。就目前情况而言，学前教育游戏化理念的实施还有很长的路要走，现阶段教师可发挥的空间有限，需要从课程规划设计、督导评估、教师专业培训等方面进行补充完善。二是学前教育"小学化"趋势严重。对学前教育理念的把握和认知不全面，造成了"小学化"趋势。对于学前教育，更多的应是潜能激发、兴趣养成和良好习惯形成。只有打好扎实的基础，儿童才能在人生后面的每一阶段持续发展与提高。但是目前课程的"小学化"倾向很严重，漠视儿童的身体发展规律和节奏。单纯地为实现课程目标和教育任务，实质上是对我国教学改革中强调的"学生的主体地位"教育理念的本末倒置，在某种程度上反而挫伤了儿童的学习兴趣与积极性，非常不利于儿童的健康成长。

二、财政投入机制不健全

缺乏必要的经费保障，是制约我国学前教育普惠优质发展的重要原因，严重影响着我国学前教育质量水平的提高。

第一，学前教育经费总体投入较低。我国学前教育经费不足，主要体现在以下两方面：一是学前教育资金占全体教育资金的投入比例偏低。经初步统计，2020年全国教育经费总投入为53014亿元，比上年增长5.65%。全国学前教育、义务教育、高中阶段教育、高等教育经费总投入分别为4203亿元、24295亿元、8428亿元、13999亿元，比上年分别增长2.39%、6.55%、9.14%、3.99%。[1]可见，相比于其他阶段教育，学前教育经费总体投入存在较大差距。二是学前教育费用占GDP的比重属于偏低水平。2014年，我国学前教育三年毛入园率已经达到70.5%，但财政性学前教育经费2013年占比仅为3.5%。[2]

第二，各个地区学前教育经费投入差距明显。地区经济水平的高低决定了当地政府对学前教育经费的投入水平不一，最终导致我国学前教育发展呈现出地区差异，其主要体现在两方面：一是各个地区学前教育费用投入差距仍然较大。近些年来，国家财政重点扶持中西部地区发展学前教育，中西部教育条件和东部地区相比投入虽不断扩大，但仍存在较大差距。东西部经费投入较多，中部地区投入严重不足。二是地区内部的学前教育费用投入仍存在明显差距。我国学前教育经费区域投入虽有所增加，但区域内部的省际投入差异并未缩小，东部地区省际投入差异最为明显。

第三，不同性质的幼儿园财政投入相对不均衡。从我国学前教育经费投入对比情况来看，政府财政对公办幼儿园的扶持保障力度较大，民办幼儿园获得的财政支持微乎其微。在国家提倡社会力量兴办学前教育的形势下，我国民办幼儿园规模迅速扩大，但一些民办幼儿园由于无法获得政府的财政扶持，为维持正常运营，转而提高学前教育收费，这非但没有

---

[1] 教育部官网，见 www. moe. gov. cn/jyb_xwfb/s5147/202104/t20210428_528910.html。
[2] 资料来源于《国家中长期教育改革和发展规划纲要（2010—2020 年）》。

解决我国学前教育"入园贵"的问题，反而在一定程度上加剧了"入园难"的局面，严重制约了我国学前教育的公平普惠发展。

三、教师队伍建设力量不足

当前我国学前教育教师资源紧缺，身份待遇缺乏保障，师德素养与专业能力有待提高，资质认定有待强化，这些问题都直接影响着我国学前教育教师队伍建设及我国学前教育质量和水平的提升。

第一，学前教育教师数量总体上仍然不足。近年来，我国学前教育教师规模虽不断扩大，但教师人数的短期增加仍然无法填补长期不足的亏空，更难以适应普惠性、高质量的学前教育发展需求。随着"全面二孩"政策的落地，学前教育师资短缺的问题更加严重，学前教育行业面临很大的师资压力。我国学前教育政策明确提出，学前教育机构每个班应设置2位学前专任教师及1位保育员，教职工与学龄前儿童要达到1:5至1:7的配备比例。据此，我国当前至少有181.84万人的学前教职工数量缺口。根据教师与保育员配比2:1计算，保育员人数线与教师人数线之间的差距逐渐增大。保育员人数与班级数有日趋相等的趋势。保育员的数量明显是不够的，保育员紧缺成了一个不可忽视的问题。当前我国学前教育教师、保育员人数严重不足，学前教育发展仍需更多的专任教师、保育员来扩充我国学前教育教师队伍，满足不断增长的适龄儿童学前教育需求。

第二，学前教育教师身份和待遇缺乏保障。长期以来，我国学前教育教师身份地位缺乏社会认同，工资待遇缺乏保障。一是我国学前教育教师的工资待遇偏低。多地公办在编教师工资比本地区公务员人均工资还低，在编教师工资高出非在编教师工资的1~2倍，临时教师的工资待遇则更低，并且许多民办园未给临时教师缴纳保险，临时教师工资待遇又明显低于公办在编教师。学前教育教师整体薪酬福利较低，从财政支出数据可见，幼儿教师的平均薪酬福利及补助支出远远不及小学教师，在2016年仍低于小学教师薪酬及补助支出的三分之一，并且差距仍呈持续增长趋势。在资金支持方面，学前教育成为全国各类学校中名副其实的短板中的短板。二是学前教育教师编制短缺导致入编困难。据统计，我国学前教育教师编制仅占学前教育教师总数的21.5%。三是学前教育教师的职称评定面临阻碍。长时间以来，我国学前教育教师的职称评定与中小学教师一同进行，没有专门独立的职称评审制度，导致我国学前教育教师难以进行职称评定，职业认同感下降，学前教育教师队伍规模不断缩减。

第三，学前教育教师的师德素养与专业能力亟待提升。学前教育教师的师德素养与专业能力，是影响学前教育品质的关键因素。近年来，国家重点加强学前教育教师队伍的师德素养与专业能力建设，但仍有许多学前教育教师未接受过专业培训，师德素养和专业能力不高。一是我国学前教育还有很大总量和比率的代课及兼任教师（绝对数量在上升，相对占比在下降），2018年全国共有园长和专任教师287.35万人，其中未有职称评级的人数为214.36万人，占全部人数的比例达74.6%。其中，教育部门办园代课及兼任教师占比要大于其他类型的城市园校。乡村园代课及兼任教师占比要大于县镇幼儿园和城市园。二是我国学前教育科班出身的教职员工比重相对较少，并且呈现减少态势。据有关统计数据，部分省市幼儿园专任教师中，学前教育专业毕业的教师仅占总数的60%，幼儿园教师持证上岗率约为50%。调查表明，我国学前教职工受过学前教育专业培训的比率虽在持续提高，但增速非常缓慢，我国仍有超过30%的专任教师未接受过专业培训，保育员接受专业培训的比例更不足专任教师的六分之一。一些学前教育教师由于素养不高、专业不强，并缺乏对儿童成长规律的认知，导致我国学前教育"小学化"倾向严重，以及虐待儿童、食物中毒、校车事故等恶性事件频发，对学龄前儿童的身心健康造成了严重危害。

第四，学前教育教师的资质认定有待强化。近年来，一些缺乏专业背景甚至是无教师资格证的人进入学前教育教师队伍，导致我国学前教育的专业性和质量有所下降。我国学前教育教师队伍参差不齐，大量无资质人员从事学前教育工作，严重影响了我国学前教育的规范、健康发展。

因此，加强学前教育教师从业资质认定，严把学前教育教师行业准入门槛，是我国学前教育教师队伍规范化建设及提高我国学前教育质量和水平的关键。

第四节　我国学前教育发展的有效路径

一、优化资源配置，提升学前教育的普惠性

（一）明确办园机制，提升普惠性

《中华人民共和国学前教育法（草案）》的规定，我国"发展学前教育坚持政府主导，以政府举办为主，大力发展普惠性学前教育资源，引导和规范社会力量参与"。这种公立和私立相结合的学前教育发展方式，可以解决广大学龄前儿童对普惠性学前教育资源的需要，对缓解我国学前教育发展中公立园少、私立园贵的现象有着重大作用。人民政府在发挥主导作用、履行发展职责的同时，还应发动社会各界资源积极参与发展学前教育，充分发挥社会团体、组织及群众优势，以公办与民办并举的办园体制促进我国学前教育事业多元普惠发展。

学前教育的发展要遵循政府主导与社会协同原则，政府发挥学前教育主导作用的同时，社会及家庭还应共同参与，建立一个政府主导、社会及家庭协同的育人机制。发展学前教育需要政府、社会和家庭共同担负起学龄前儿童成长成才的责任，共同维护和保障我国学龄前儿童的健康成长。政府主导是保障学前教育公益普惠发展的关键与核心。从国家的角度分析，学前教育的实现需要政府部门在学前教育中积极发挥主导作用，但政府主导并不等同于政府包办总揽一切，政府对我国学前教育发展主要进行统筹规划和宏观领导。政府主导重点包括以下两方面的内涵：①通过政

府主导确定国家学前教育发展的基本方针，进一步增强学前教育发展的公益属性，对市场经济环境下学前教育发展过程中出现的过度自由化等问题进行管理与干预。②通过政府主导实现对我国学前教育发展的整体规划和统领，进一步建立健全促进学前教育改革发展的各项政策、规章，以及有关计划安排、配套措施方案，促进我国学前教育事业加快发展。政府通过上述主体职能的落实，进一步扩大普惠性学前教育资源供应，扩大学前教育的覆盖面，以保障更多儿童能够获得学前教育。

社会协同参与学前教育不但关系到学龄前儿童的个人成长，还关系到国民的整体素质及社会的和谐稳定。学前教育事业需要全社会的努力和积极参与，激发社会力量参与学前教育的主动性，推动我国学前教育事业多元开放发展，主要体现在以下两方面。

第一，社会协同参与。在学前教育事业发展过程中，国家引导与扶持社会资源在财政支持与分配相对不足、不平衡的前提下参与学前教育事业建设，弥补学前教育资金、学校规模、监管等领域的短板和缺陷，同时发挥社会公众对学前教育事业的监督功能，对政府及相关部门学前教育管理与保障职责的履行进行监督与社会问责。社会公众也应在政府主导学前教育发展的基础上，充分发挥参与作用，积极促进我国学前教育事业发展。

第二，家庭协同参与。早期家庭教育是幼儿在成长过程中首先接触到的教育，主要是在家庭中完成的。幼儿对父母及家长具有更强的依赖性，父母及家长在幼儿早期保育与教育中具有至关重要的作用。家庭环境、教育理念和方式对幼儿成长的影响是长远的，甚至是终身的，关系到其观念、习惯的养成，以及未来的发展。2020年我国颁布的《中华人民共和国民法典》中增加了"树立优良家风"的规定。孩子成长需要一种文明祥和的家庭环境，来培育高尚人格、培养优秀行为习惯。家长和家庭成为学前教育的主要参与者，为学龄前幼儿提供一个健康、安全的发展平台，确保孩子健康发展。此外，家长还应加强与学前教育机构之间的沟通配合，及时交流反馈，形成家长与学前教育机构双向互动、协调配合的保教模式。

按照"积极鼓励、大力支持、正确引导、依法管理"的方针，逐步形成投资办学活动主体形式多样化，投资办学渠道形式多元化，公办学校与其他民办学校实现优势互补、共同推动发展的新型办学发展道路。[1]鼓励社会各界力量投入学前教育是一个可行的方法。通过多元的办园方式及政策鼓励支持，让学前教育更加多元性。不仅可以对民办园、普惠园的资金、硬件进行补充，也可以通过社会力量来对公办园的设施、设备进行补充。当然，这里少不了政府的监督、指导及规划，对社会力量可以提供减免税赋等一系列政策支持，以增强其积极性。

（二）设立帮扶制度，保障学前教育的公平性和补偿性

我国在发展学前教育的过程中，要注重乡村幼儿园的建设与发展。由于城乡发展差距，乡村幼儿园的发展全部依赖国家财政投入不具备可实施性，而乡村地区教学与收费的问题并非一朝一夕能够解决，可采取引入社会资金的方法进入乡村学前教育领域，以便为乡村幼儿园的发展提供一个崭新的发展思路。同时，针对民办幼儿园，还要从资金、资源等方面尽可能给予优抚，给学前教育管理者创造更充分的专业化教学机会，以提高民办学前教育管理水平，也可由地方政府部门主导，建立民办园和公办园互帮互助的经营模式，由公办园带动民办园，通过各方的共同帮助、共同发展，使全国学龄前儿童均可以接受更优质的学前教育。

坚持学前教育的补偿性，要求国家为处境困难的弱势儿童接受学前教育提供一定的补偿与帮助。一些学龄前儿童由于家庭贫困、流动或留守、身处边疆偏远地区等原因处于获得学前教育的弱势地位，受教育权无法得到有效的保障。为弱势儿童获得学前教育提供财政扶持与帮助，是维护我国弱势学龄前儿童受教育权、促进教育公平的重要举措。国家可以通过设立学前教育专项财政资金、增加特殊学前教育资源投入来实现对弱势儿童学前教育的帮助与支持。通过对弱势儿童接受学前教育予以资助，保

[1] 王秀萍，汤凤霞. 70年来我国学前教育课程改革的历史回顾与反思[J]. 上海教育科研，2019(12):31—36.

证其能够获得平等的学前教育机会和优质的学前教育资源及服务，以满足更多弱势学龄前儿童的学前教育需求，从而促进我国教育公平的实现。民政部门应当建立和落实学前教育资助制度，为处境困难儿童接受学前教育提供支持和帮助。

综上，在目前市场机制还没有达到绝对主导地位的实际条件下，学前教育普惠性和公平性的实现，还需要坚持因地制宜的原则。根据地方经济、文化发展水平，对特定群体进行政策倾斜和帮扶，构建多元化、均衡性、优良的学前教育环境。学前教育并不完全属于义务教育的范畴，并且在很大程度上受各种市场因素主导，高品质的公办园和民办园往往供不应求，无法完全满足整个社会对学前教育的迫切需要。随着近年来我国推进城乡文化融合和人口快速流动及产业融合，不同文化和年龄层的人群对幼儿园建设产生了各种不同形式和多样性的需要，多元、特色、均衡、优质成为幼儿园发展新的趋势。地方政府机构应该做到多管齐下，结合地区的人口特色，在管理制度、教育体系等各个方面均需要给予相应的鼓励与扶持。比如针对流动人口子女的录取，一方面要放宽学龄前流动人口入园的时间和资格，另一方面要给予优质幼儿园在财政、师资等方面的保证，引导优质幼儿园面向流动人口子女提供有针对性的、有计划的招生和服务。地方政府机构应当充分根据实际情况，采取有效措施，将学前教育人口管理体系制度和学前教育优惠政策有机地融入其中，促进各类幼儿园的多元、均衡、优质发展，满足不同年龄段人口对学前教育的多样化要求。

（三）建立学前教育信息管理系统，提升资源利用效率

学前教育发展的规划及相关政策的制定和执行都必须充分考量当地学前教育的需求和学前教育资源配置的实际情况，才能够最大限度地发挥各级政府的主动性、引导作用和政策作用，促进学前教育事业的健康、稳步发展。面对学龄前幼儿的数量在不断变化的形势，以及幼儿园不断扩建的情况，学龄前人口教育规模较小时很容易导致对学前教育资源的大量消

耗和浪费，因此构建一个完善的学龄前教育人口和学前教育的人力资源整合管理体系非常重要。

建立完善的学龄前流动人口和学前教育信息资源管理信息系统要有较为完善的学龄前适龄人口规模信息，包括学龄前人口数量、男女人口性别比、分布、人口的生育规模等。在此基础上深入仔细分析其变化特征、发展规律，在一定程度上做出合理的政策预测。在面对社会剧烈发展变化、人口教育政策发生变化的实际情况下，还要慎重地考虑学龄前人口规模的变化。完善学龄前人口规模信息体系是进行学前教育信息资源配置战略规划的重要基础。此外，当地学前教育信息资源配置的详尽统计数据也必不可少。只有充分准确地掌握当地学前教育信息资源配置的具体情况，才利于准确地判断如何充分满足地区学前教育的基本需要，既避免学前教育资源的过度浪费，也有利于有效避免学前教育资源的缺口。学龄前人口与学前教育信息资源的共享信息、综合管理服务系统等的发展，需要几个同级行政主管部门之间进行密切协同合作，尤其是跟学前教育与政策有关的各级行政主管部门，如卫生健康委员会、公安局等，发挥各自的资源优势，通过共同努力建设一个共享的行政信息服务平台，为学前教育相关事业的健康发展提供服务。建立各种学前教育信息管理系统的最终目标，就是初步确定学龄前人口的总体规模和学前教育资源的综合配置总体规模。例如，首先构建一个人口模型，其次通过研究采用合理的学前教育人口预测管理工具，用于初步分析和准确预测学龄前人口规模的变动，最后初步确立学前教育资源配置的总体范围，实现学前教育需求和供给的有效匹配。关于幼儿园的建设，需要慎之又慎，也需要社会力量的加入。只有社会各界联动，幼儿园的建设才能避免资源的浪费或幼儿园建设的不足。

（四）进一步转变教学理念，推进国家学前教育课程标准化构建

推进学前教育改革，充分发挥学前教育在儿童发展中的功能，迫切需要的就是教育理念的转变。教师和家长要及时发现学龄前儿童发展过程中的迫切需要，顺应学龄前儿童身心发展规律，不能肆意加大学龄前儿童的发展压力。一方面，建立学校与家庭的常态化沟通机制，实现家庭和园区共同育儿的目标。教师通过举办知识讲座、活动等多种形式，宣传教育理念，使其与父母共同站在同一个方向上，一起为幼儿的发展助力，注重家庭对学龄前儿童身心健康发展的促进作用。提倡建立平等的亲子关系，以及重视家庭教育对儿童发展潜移默化的影响，而这也要求教师在持续的互动沟通中，协助父母建立科学的家庭教育理念。唯有家庭与园校合作，才能有效地推动学龄前儿童身心健康成长。另一方面，学校要积极开展丰富多彩的新活动，密切关注学龄前儿童的发展问题。在我国经济社会高速发展的同时，学龄前儿童的发展问题受到了整个社会的普遍关注。学校开展的教学活动，是促进学龄前儿童健康成长的主要途径，通过开展合理的教学活动，可以有效地推进儿童的全面健康成长。

在教学理念转变的基础上，需要实施形式多样的教学活动。从学龄前幼儿身体发展入手，通过多样化的方式有计划地指导孩子身体发展。学龄前幼儿的教学，涵盖了整个幼儿园所有的教学活动内容，在健康、社会、科学、语言、艺术五个领域设计教学，以促进孩子的全面发展。[1]同时，从组织形态上看，团体活动、小组活动、个人活动等，对学龄前幼儿也具有不同的意义。在教学中，应相互配合、互相衔接，按照学龄前幼儿身体发育规律，选用合理的课程安排方式。通常情况下，小班的孩子适合团体活动，中班和大班的孩子可以在团体活动人数上有所减少。与此同时，也需要适度地参加社区实践活动，诸如观看美术馆、帮助小动物等也是培育学龄前儿童全面发展的重要手段。随着经济社会的发展，教育工具在不断升级，在学前教育中要善于应用多媒体、VR（virtual reality，虚拟现实）、AR（augmented reality，增强现实）等技术手段和工具。新兴方式和工具的技术性与新颖性能够激发孩子的好奇心，增加其专注力，有效提升教学效率和质量。同时，多媒体、VR、AR 等技术的交互性

---

[1] 康卫忠. 学前教育回归生活化课程应用初探 [J]. 中国多媒体与网络教学学报（中旬刊），2018(8):60-61.

和自由性，可以创造高度还原的、沉浸式的深度体验，为枯燥的教学增加真实的情境与细节，为教学实践提供更多的可能。总之，多元化的模式能为学生带来身临其境的体验感，能够极大地丰富当前有限的教学环境，使学生得到更为全面的教学体验。

二、优化财政投入与保障制度

国家财政为学前教育发展提供经济基础，更是学前教育公益和普惠发展的根本保障。学前教育的长久发展需要财政投入资金支持和制度保障。

一是建立学前教育财政经费投入长效机制。我国的学前教育资源严重不足，学前教育的公益性与普惠性发展面临挑战。首先，要正确划分中央和地方的财政事权与支出职责。中央应逐步加大对学前教育的资金投入，地方政府应合理安排财政支出预算，对学前教育经费单项进行列支，并提高学前教育资金的投入使用效率，保证学前教育资金的专项投入与使用。其次，要明确在中央设立专项学前教育经费。通过转移支付解决地方学前教育经费不足的问题，以减租、奖补等多种手段扶持学前教育普惠发展。最后，要明确学前教育的相关经费、补助、拨款等的最低标准，明确学前教育经费在教育经费中的占比，尤其是要确定最低比例。

二是建立学前教育财政扶持与保障机制。当前全国不同地区的学前教育发展水平不均衡，弱势群体的受教育权尚未获得切实维护。加大对学前教育的财政投入，着力解决经济不发达地区及特殊弱势儿童的学前教育问题，对维护学龄前儿童的受教育权、实现教育公平具有重要意义。第一，确立对经济不发达地区的学前教育财政帮扶制度。国家首要的是加强对弱势区域、贫困地区和重点地区的学前教育事业的支持和保障，通过设立专项资金、转移支付、奖励补贴等方式，优先保障经济不发达地区的学前教育发展，将学前教育的财政资金、教师配备、基础建设等向上述地区扩充，推动我国学前教育事业均衡协调发展。第二，确立对特殊弱势儿童的学前教育补偿与资助制度。国家应为弱势儿童接受学前教育提供一定的扶持与帮助，对孤残、家庭贫困、流动及留守等弱势儿童获得学前教育进行补偿与资助，并对资助的标准和条件予以明确。政府可以通过设立专项资金，对符合条件的弱势儿童推行免费学前教育制度，学前教育费用完全由政府负担，保障其受教育权的平等实现。第三，资金投入更有倾向性。进一步鼓励民办幼儿园申报为普惠性幼儿园。对民办园和普惠性幼儿园来说，资金来源是一个很大的压力，大部分需要依靠幼儿学费，因为政府的专款补助是根据绩效而定的，且具有一定的门槛。政府可以进一步对普惠性幼儿园有倾向性地进行补助，给予其更多符合幼儿教学实际需要的补助，如幼儿学习硬件及餐补等。事后进行后续跟踪反馈，更切实地把学前教育落到实处。在保证办学质量的前提下，政府可以给予更多政策性减免和奖补。资金投入应注意统筹区域，缩小不同级别幼儿园经费补助额度差值，缩小城镇补助层次之间的差距，以免出现资源分配不均的现象。政府可以有针对性地进行补助倾斜，对于没有优质园的区域可以增加专项补贴，提高硬件的经费支持，鼓励没有优质园的街镇进行优质园评选，提高办园质量。政府应注重调节经费投入的比例，增加对学前教育教师队伍专项补助资金的投入力度。由于幼儿教师流动的最主要原因之一就是其在职业上的成长和学习机会很少，需要有效缓解紧迫期学前教育教师人才数量短缺问题，资金投入向学前教育教师素质建设倾斜，提供一部分资金用于学前教育教师专项培训及各类学前教育技术人员培训。

三是建立合理的学前教育成本分担机制。发展学前教育是政府、家庭和社区的共同责任，各方都应该合理负担学前教育成本，使更多学龄前儿童可以接受学前教育。其一，人民政府是学前教育成本费用的主要承担者。各级人民政府应当以优先发展普惠性学前教育为总体目标，按照本地实际情况核算学前教育基本费用，科学、合理地制定学前教育财务补助和收费标准，合理确定学前教育成本费用负担比重。同时，优化政府间分担结构，进一步明确"省级统筹、以县为主"的运营模式。其二，应在"地方负责、分级管理"的基础上进一步明确"省级统筹、以县为主"，即应加大省级政府对省域内学前教育的统筹领导责任和县级政府对县域内学前教育的管理指导责任。其三，应明确学前教育管理体制改革的重点在于管理主体重心和财政保障重心的双上移，行政管理的重心要从乡镇提升到县级政府，统筹管理的重心应进一步提升到省级政府，财政投入保障的重心则应以中央支持下的地方政府为主，并要根据各地经济社会发展水平而有所区别，对经济社会发展水平越是落后的地区，财政保障的主体重心应越高。其四，在学前教育管理体制改革中，应紧紧抓住中央、省、县三级政府之间的权责利关系调整，重点加强中央、省和县的职责，同时也要注意发挥地市和乡镇的办学积极性。其五，家庭是学前教育成本的重要负担者。学前教育的直接受益者是学龄前儿童，家长作为学前教育的参与者，应为儿童接受学前教育负担一定的教育费用，保障儿童获得有质量的学前教育服务。其六，社会是学前教育成本的积极负担者。国家支持社会力量参与兴办学前教育，社会组织、团体等应强化社会责任，积极分担学前教育成本。在此基础上，建立一个以"政府负担为主、家庭负担为辅、社会积极参与"的学前教育成本分担机制。

在实践层面，通过创建新的分类计算方式和奖补机制，提升成本分担机制的有效性和合理性。一是分类评估固定设施建设成本。固定设施建设成本是指为达到幼儿园设置标准所付出的房屋场地、基本教学和生活设施、环境配套建设，以及购置土地所付出的资金支出。为保障幼儿园的正常运行，租用房屋、场地和设施的费用建议纳入固定设施建设成本，并由政府来承担，否则会加大这类幼儿园、儿童家庭分担的比例。二是在区域内统一核定日常运营成本。这项举措通过政府财政补贴减小公办幼儿园和民办幼儿园的成本差距，进而确保教育质量大致相当，从根本上转变现有的民办普惠性幼儿园的日常运营成本和教育质量明显低于公办幼儿园的局面。日常运营成本核算的原则有两个：一是总费用应当能够保证新型普惠性幼儿园按照国家的质量标准顺利完成教育与保育任务；二是运营成本由政府投入和家庭缴纳的保教费共同负担。政府和家庭各自承担一定的比例，可以视各地的财政情况由相关各方协商确定，但政府承担的部分不应低于 51%，以保证政府在普惠性学前教育中的主体责任和主导作用。考虑到近些年与同属于非义务教育的普通高校和普通高中相比，学前教育阶段家庭分担的比例更高的情况，政府承担的比例应逐年提高。按照相关的国家法律要求，日常运营成本严格用于幼儿园本身，结余部分可以沉淀到下一年使用，但不能挪作他用。

总的说来，通过扩大经费投入，健全投入保障机制，确保经费合理有效使用，才能从根本上解决资源不足、地区发展不均衡的状况。要积极开展生均成本测算，合理确定政府、家庭分担比例，动态科学调整公办园收费标准，坚决遏制民办园暴利获益行为。加大对不规范办园行为治理力度，健全幼儿园责任督学挂牌督导制度，开展幼儿园名称规范清理，加强对校外培训机构的监管，全面推进幼小科学衔接。

三、加强教师队伍建设

目前，学前教育专业师资力量需求在不断变化，供需不平衡，因此要强化学前教育教师队伍的专业素养与技术水平培训，以高品质的教育为目标开展工作。

一是通过政策倾斜，鼓励人才加入学前教育专业团队。专业技术人员的招聘，对优秀人才要具有一定的政策倾向性。加强对学前教育专业学生职前专业技术培训，增加学前教育教师团队的整体供给。幼儿园所缺少的专业教师，在招聘或者专技升级的时候可以适当进行倾斜，以增加对人才的吸引力。或者本职教师在获得其他专业资格时可以给予其一定的奖励，增加团队的专业性。针对幼儿园教师中的男女比例不均衡这一问题，可以适当地引导、鼓励年轻男性加入学前教育教师队伍，通过政策和舆论引导，建立社会尊崇男性从事学前教育事业的良好风尚。对相关岗位职称的界定和评价标准也应该进一步改革。晋升难度可以根据本区域教师水平进行适当微调，对一些发展慢的区域或者岗位招聘困难的职位增加对优秀教师的吸引力。随着学前教育教师需求的日益增大，队伍的年龄需求日趋年轻化，可以给予学前教育教师一定的编制名额及晋升渠道，除提高他们对职业的归属感外，还提供更大的职业发展空间，以吸引更多的年轻人投身学前教育教师这一职业。

二是投入专项资金，提升教师专业素养。各级政府机构应进一步提高对学前教育教师的专业教育专项资金投入。通过提高学前教育教师的专门培训经费及培训机会，提高教师自身专业能力提升的动力，进一步深化对幼儿园所有教师的学前、在职培训。为了满足现有教师培养制度能够适应各个年龄阶段的学前教育教师的学习要求，应该支持幼儿园所有教师拥有更多的时间去参加市、区级别的各种培训，缩小培训的时间跨度，提高培训深度，可以先提升他们的某一专业，使其能有一门专长，再辐射入园级[1]；也可以在政策上设置一定的奖惩，或与岗位晋升挂钩，使幼儿园所有教师都能够保持终身学习的意识，不断地思考。同时，增加对民办或普惠性幼儿园的教师培训专项资金的投入力度，逐渐实现学前教育教师的同工同酬。政策上也应保障各个公办和民办幼儿园教师在专业技能上有相同的培训资金及机会。通过获得相应的专业提升的机会及能力，以提升民办或普惠性幼儿园的师资建设和园所软实力，增加师资队伍的稳定性。

三是为教师队伍建设提供制度保障。一些学前教育机构为了追求经济利益，降低学前教育教师聘任标准和要求，招入一些师德水平不高、专业素质和能力较差的人员进入学前教育教师队伍，导致我国学前教育发展乱象丛生。《中华人民共和国学前教育法（草案）》对学前教育教师资格、聘用、培养和评估等机制进行了明确，将依法保障学前教育教师的身份、地位和待遇，为建设职业道德崇高的学前教育教师队伍提供了有力的体制保证。第一，要建立严格的学前教育教师职业资格准入制度。学前教育教师应具备从业资质，做到持证上岗，教育行政部门还应定期对其资格证书进行审查与备案。第二，要建立和完善学前教育教师聘任制度。对学前教育教师聘任的条件、程序等予以明确，同时对学前教育教师从业资格

[1] 李颖 . 学前教育课程实践与存在的问题：评《当前我国学前教育事业发展面对的主要问题及政策导向》[J]. 中国教育学刊 , 2017(5):149.

进行反向排除，明确规定不得聘任哪些人员从事学前教育工作，以严格规范学前教育机构的聘任行为。第三，要建立和完善学前教育教师培训与评价制度。分中央、省、市、县四级建立学前教育教师培训体系，分级分批对学前教育教师进行业务培训，不断提高其师德素养和专业能力。同时，还应建立学前教育机构、学龄前儿童、家长等共同参与的学前教育教师评价制度，对学前教育教师的保教行为、保教内容、保教质量等进行综合评价，促进学前教育质量不断提升。第四，要依法落实学前教育教师的身份、地位和待遇。要确定学前教育教师的最低工资水平，保证学前教育教师工资薪酬和教育专业技能、从教年限、职称等级相适应，实现"同岗同酬同待遇"；要对学前教育教师的基本待遇予以明确，保障学前教育教师享有基本养老、医疗、工伤等保险待遇，以及进修、培训、表彰、奖励、休假等资格待遇；要对学前教育教师编制不足问题予以解决，对我国现有学前教育教师编制进行筛查，做出及时动态调整，同时，还要扩充学前教育教师编制总量，尤其是农村地区，以缓解学前教育教师紧缺问题；要对学前教育教师的职称评定制度予以明确，应针对学前教育教师建立专门的职称评定制度，并对评定条件、内容与流程作出规定，以保证职称评定的规范进行。

四、加强督导评估体系建立

学前教育督导评估包含两个主要的范畴：一是对地方政府的督导（督政），具体是监督当地学前教育事业发展的成效和举措；二是对园方的督导（督学），具体是监督办园的服务、教学水平和质量。就目前而言，二者主要是通过规范性政府文件的形式实现的。在督政标准层面，2012年，教育部出台了《学前教育督导评估暂行办法》，确定了督促当地政府落实开展学前教育工作的具体实施程序和具体目标。在督学层面，2017年，教育部出台了《幼儿园办园行为督导评估办法》，给出了包含学校环境、安全、保育培训、师资队伍建设及学校内部控制管理等五大领域的具体标准，并细化了要求。

督导评估需要重点贯彻以下四项原则：一是科学规划。各地方政府按照国家发展的总体设计发展目标，结合本地区经济发展水平，研究建立地方督导评价的总体规划和年度目标，统筹开展地方督导评价的认定管理工作。二是坚持标准。国家建立了统一的地方督导评价指标体系、判断准则和工作程序，各地应认真执行，以保证地方监督评价各项工作内容实际、程序规范、成果可信。三是公开透明。通过公开发布监督评价各项工作过程和结论，广泛接收社会各界监督信息，进一步增强政府督导评价各项工作的权威性和市场公信力。四是注重实效。通过客观评价各地方政府实际管理工作效果，监督指导各地方人民政府积极发展学前教育。整合评价项目，精简地方监管评价指标体系，优化工作过程，有效降低地方基层税负。避免形式主义，防止虚假的普及普惠。

督导评估是保障学前教育普惠发展的重要抓手，问责机制是促使学前教育政策法规得以有效落实的重要保障。建立健全的学前教育督导评估和问责机制，对提高我国学前教育质量和普惠发展程度、督促政府全面履行学前教育职责具有重要意义。建议从下列几方面开展督导工作。

第一，要设置专门的学前教育督导评估机构及人员。学前教育督导评估具有很强的专业性，要想使学前教育督导评估真正发挥作用，学前教育督导机构的设置及督导队伍的建设至关重要。一方面，在中央及地方各省设立学前教育督导委员会。由国家学前教育督导委员会确定督导评估的具体内容和标准，并指导我国学前教育立法的相关问题，研究全国范围内学前教育督导工作的开展。省级学前教育督导委员会主要负责本省范围内的学前教育督导评估，对学前教育督导评估中的各项内容进行具体落实。另一方面，在学前教育督导机构内部应配备高素质、专业的督导人员，并对督导人员的任职标准和要求予以明确，建立严格的学前教育督导人员聘用、管理与培训机制，促进我国学前教育督导的质量和水平不断提高。

第二，要加强对学前教育督导评估的成果应用与问责。督评结果是对学前教育发展水平进行综合评价的重要依据，问责机制是强化政府学前教育主体责任、规范学前教育事业有序发展的重要保证。一方面，要加强学前教育督导评价的成果运用。国家每年向社会发布全国年度学前教育督导评价结果，地方政府应提高对督导评估结果的重视程度，对督导评估反馈的问题和意见及时进行整改。另一方面，要强化学前教育督导评估后的问责。国家应将督导评估结果作为考核评价政府及其领导人员履行学前教育发展职责的重要内容，对履职及整改不力、未能如期完成学前教育发展目标的地区，应对其主要领导人员以约谈、通报批评等方式进行问责，依法追究其行政责任。

第三，要创新督导的观念和方法。首先，要树立全面健康的教育评估思想，各级督导人员要确定学前教育指导工作的重点。在对全国幼儿园的相关教学管理工作开展监督的过程中，有关人员要始终把推动全国学前教育管理工作科学化和专业化水平的提高视为主要目标，并对全国学前教育教师在实际教育工作进程中违反教师教学规则和孩子认知规则的教育教学活动作出及时矫正，以提高监督工作的品质和效果。其次，监督人员要逐步增强自身在实际监督工作中的公正性和客观性，并严格地依据全国学前教育监督工作规范进行工作，认清自身在实际监督工作中的优势和不足，并以此逐步推动全国学前教育管理工作的健康有序发展。最后，幼教监督人员还需要逐步增强自身监督工作的随机性，不仅应定期对幼儿园开展常规监督工作，还应不定时地对其开展抽检，以掌握幼儿园实际的教育教学情况和其他方面的问题，从而提高幼儿园的实际建设管理水平和质量。

第四，增强督导方法的科学化。首先，幼儿园及其教育部门应委托学前教育专家准确掌握并评价本区域实际的学前教育资源及儿童生源素质，根据幼儿园具体的教学标准，建立科学、合理的学前教育监督方法和具体有效的学前教育监督工作目标，以此对学前教育监督工作提出具体的目标。其次，各地学前教育主管行政部门应从全面素质教育这一高度加以考虑，逐步健全学前教育指导工作的规范和细则，针对在实际学前教育指导活动中存在的细节性问题予以有针对性的引导和规范，以便提高学前教育指导工作的科学性和工作效率。同时，各级监督人员要主动倾听幼儿园负责人、教师及孩子父母的意见和要求，全面考量幼儿园的实际状况，考虑包括教师能力、教学资源、生源品质及家庭情况等多种因素，以便增强监督工作的科学性和可行性。最后，教育部门必须把全面发展的理念全面纳入学前教育督导工作实施方案的设计中，在全面发展理念和学前教育督导管理工作标准之间形成合理衔接，在潜移默化中进一步凸显全面发展这一核心理念在学前教育中的重要意义，从而促进幼儿园实际教学质量的提高。

第五，优化督导工作队伍建设。首先，各地教育部门应增加学前教育督导力量，采取招募及抽调的方式提高幼儿园督导队伍人员的规模，使学前教育督导人员在岗位责任的划分、任务职责的界定及职责任务的设置方面都有着清晰的界定，以此增强学前教育督导任务实施的逻辑性及工作任务分配的科学性，缓解学前教育督导人员的任务负担，提高幼儿园督导工作的顺利开展。其次，各级教育部门要逐步加强工作人员对全面发展理念的认知与理解，并引导有关人员把"全面发展"这一理念全面渗透到实际的教育教学指导过程中，并以此不断完善幼儿园教育教学指导工作和对学龄前幼儿各方面能力的训练。各教育部门要及时做好对学前教育监督人员的技术培训，协助学前教育监督人员深入了解新的学前教育监督工作理念，以便进一步提升全国学前教育监督工作质量。最后，教育部门必须继续完善学前教育监督人员队伍的培养激励机制，增加有关人员参加培训的时间，不断丰富学前教育监督人员的学前教育理论知识，开阔其眼界，引导其将先进的学前教育思想渗透到学前教育监督队伍中，进而带动全国学前教育素质的提高和孩子的全面健康成长。

第六，进一步提高监督管理工作的数字化水平。首先，各地的教育行政部门应引进"教育检查评价电子文档管理系统"，在全面掌握该体系内涵和功能的基础上，针对本区域教育的特殊性对其内容加以调整和优化。同时，促使学前教育监督人员在操作流程上对该制度加以充分利用，使本区域学前教育监督更加条理化，推动本区域学前教育监管能力的提高。其次，学前教育监管机构必须把大数据分析和云计算技术全面渗透到学前教育督导工作中，对本区域幼儿园的状况做出全面的掌握和总结，同时针对当前状况对幼儿园的教育教学情况做出有针对性的引导，以及对当前幼儿园的教学设置、消防安全、收费行为等问题提出指导性的意见，推动幼儿园发展效率的提高。最后，各地教育部门要主动倾听学前教育监督工作者的建议与要求，对学前教育监督人员的档案制度加以调整和细化，提高学前教育监督人员的工作效率。同时，在学前教育监督系统信息化构建过程中，有关人员必须充分运用全面发展思想，把"全面发展"这一概念充分体现到学前教育监督系统的界面设计中，在潜移默化中提高学前教育监督人员对孩子健康成长的关注。

五、国内外先进经验总结

我国学前教育事业在发展过程中存在一些问题，但值得肯定的是，部分城市和地区在学前教育道路上已经探索出一些较为成功的改革实际经验。通过对这些案例进行深入学习与研究，总结其先进之处，在学前教育未来发展中更具有实践意义。个案的成功为学前教育发展过程中政府、社会、家庭的分工和职责实践提供了全新的认知思路，各地需要根据当地实际，结合政治经济发展情况，进行发展规划和实践。

【案例一】杭州市大力发展小区配套园

杭州市作为近年来快速崛起的特大城市，不仅经济发展迅猛，在学前教育发展方面也体现了"杭州速度"。截至2018年年底，杭州市公办园在园幼儿比例已经超过90%，学前三年幼儿净入园率高达99%。杭州市学前教育发展能够取得如此巨大的成效，小区配套园建设在此过程中起到了至关重要的作用。杭州市的小区配套园建设起步较早，政府对小区配套园的建设与使用也提出了具体要求。早在2001年，市政府就对小区配套园的设置作出了明确要求，这一举措属于全国首创。2005年，当地政府又明确提出在小区配套幼儿园建成后必须无条件交由地方教育行政部门负责管理使用，教育部门也要参与审查工程中的关键环节。这些做法在很大程度上杜绝了建设中不规范、使用时不合理的现象。

对小区配套园的规模，杭州市也有具体规定及测算方法。与国内普遍采用"千人比"的测算方式不同，杭州市采用的是小区内每百户满足的学位数量。政府提出的要求是每百户需满足11个学位需求。在此标准的引领下，杭州市完成百余所幼儿园的建设，新增学位超过4万个，极大地缓解了学位供给不足的问题。目前，杭州市的"百户比"学位已经提高到了15个，对缓解供需矛盾起到了积极作用。

【案例二】北京市健全投入保障机制

北京市一直以来都是人口净流入地区，外来人口数量巨大。随着"全面二孩"政策的实施，北京市的学前教育资源在今后几年依然存在明显不足，尤其是普惠性学前教育资源的供给仍然无法充分满足实际需求。为解决学前教育供不应求的问题，并有效推动学前教育工作的快速开展，从2018年第三期学前教育行动计划开展至今，政府从财政投入机制入手，建立了"四统一"的财政保障机制。2018年，北京市学前教育经费投入在财政教育经费投入中所占比例已经达到10%，且政府对所有普惠园都同样加大了财政支持力度。自2019年起，市财政针对公办园及民办园制定了统一的补助标准，并明确要求民办普惠园参照公办园的标准收费。北京市各区也利用"普惠性幼儿园生均补助项目""幼儿园内涵建设项目"等专项经费，不断强化政府对学前教育工作的财政保障，并在政府财政支出领域，将增加普惠学位作为优先支持方向。有了政府的财政投入保障，各级单位及社会力量办园的积极性有了明显提高，对缓解学前教育学位供给压力起到了重要作用。

【案例三】江西省提升师资供给质量

江西省在提高师资素质上采用建设创新型师资培训机构的方式，增加普惠性学前教育资源，同时也非常注重教学质量的提高。江西省赣州市赣县区已纳入全国儿童学前教育改革发展实验区，该区建有19所省、市级示范园，如此高水平的发展，离不开其教研和管理机制的创新。2016年，全区推行镇村一体化改造政策，以此为契机，创新教研机制，激发办园活力，提升学前教育教师育人水平与专业素养。江西省萍乡市芦溪县政府在改革师资培训机构和稳定教师队伍结构等方面都做出了新探索：一方面，通过在教师培训中实行"自主培养"＋"县聘园用"的方式，进一步增强聘用教师的主动性和积极性，并创新竞争机制，从而有效提升了教师的教学素质。同时，切实保证非在编教职工的合理薪酬水平，极大地增强了教师队伍的稳定性，为进一步构建师资培训的长效机制夯实了根基。另一方面，江西省还制定并执行了教师资格准入及教师培训等相关制度，极大地促进了学前教育教师整体素养的提升。2018年，江西省对教师资格准入及教师配备标准等作出了具体规定，并在全省范围内加大教师培训力度，对师资质量的提升起到了积极的促进作用。学前教育教师编制问题也是影响师资质量及师资队伍稳定性的重要因素，江西省在这方面也进行了积极探索与创新，采用教师编制动态管理的办法，对学前教育教师编制进行动态调配，既能保证学前教育教师待遇，也能有效缓解缺编严重的难题。

【案例四】贵州省帮扶贫困地区发展

贵州省因受地形影响山区较多，一直以来在经济、教育等方面的发展较为滞后。然而近年来，贵州省在学前教育发展方面实现了惊人的重大突破，基本完成了学前教育的历史性飞跃。首先，贵州省对学前教育工作的关注程度明显提高。从2011年开始，贵州省连年将学前教育作为政府的重要民生工程，以开展学前教育突破工程为重点，并在全省率先开展了学前教育行动计划。其次，贵州省坚定学前教育公益性和普惠性的发展方针，在机制和质量规模等方面不断实现创新突破。最后，贵州省还出台了一系列政策措施，注重扶持广大乡村区域特别是边远地区的学前教育蓬勃发展，如优先在较大乡镇、极贫城镇所辖乡镇、深度贫困户等建立公办幼儿园，弥补这些地区学前教育资源的不足。贵州省作为国家脱贫攻坚的主战场，同时也是国家易地扶贫搬迁规模较大的地区之一，迁移数量约为全省的六分之一，但贵州省对搬迁移民孩子的学前教育问题并没有不了了之。贵州省在缓解搬迁移民孩子的学前教育资源紧缺问题方面也取得了显著成绩：采取的县级特岗教师计划作为学前教育教师师资来源的主要途径，有效解决了招聘困难的问题；推行集团化管园模式，以优质园引领其他园，克服了管理缺失、监督不严格的现象；实施了幼儿园教研指导责任区制度，在县、镇、乡各级教学责任区的引领和帮助下，责任区教师在职业能力方面有了提高，缓解了农村及偏远山区师资质量不高的问题。

国内的这几个地方政府在城市小区附属园建立、财政投入、师资投入和推进学前教育资源均衡发展等方面进行了新的探索和尝试，这些经验给了我们不少启迪：第一，增加普惠性学前教育资源。杭州市通过加大力度推进区域公共配套园建设的方式，是增加普惠性学前教育资金的最有效方法之一。杭州市政府在小区配套园建设之初就对其配置与使用作出了明确规定，并在建设过程中严格落实监管职责，有效确保了小区配套园的规范交付与合理使用。第二，扩大经费投入，健全投入保障机制。北京市为了缓解学前教育资源不足、学位供给紧张的状况，极大地提高了学前教育财政投入的比例，对民办园的补助政策与公办园一视同仁，有效缓解了民办园资金投入不足的问题。在加大财政投入的同时，健全投入保障机制，确保经费合理有效使用。第三，创新培养机制，提高师资供给质量。江西省多地十分重视学前教育教师质量的提高，采取创新教研机制、改革教师培养机制、创新竞争机制等多种方式，为提升学前教育教师专业素养与促进学前教育教师长远发展探索了新途径。第四，促进学前教育均衡发展。我国地域辽阔，经济发展不平衡，广大西部地区、农村地区及偏远山区等经济发展相对滞后，学前教育的发展水平也相对较低，贵州省对扶持广大农村山区和边远地区儿童学前教育实施的优惠政策，对推动全国学前教育均衡发展有着重大的意义。

国外学前教育发展较好的代表有日本、经济合作与发展组织

（Organization for Economic Co-operation and Development, OECD）国家和美国等。下面以日本和OECD为例，分别对其学前教育发展的先进经验进行分析总结，为我国学前教育供给侧结构性改革提供经验借鉴。

【案例一】日本高质量的师资供给

日本由于国土面积小，自然资源极度匮乏，要想迅速发展就要依靠科技和人才，因而日本十分重视教育，同时也早就认识到了学前教育对人才培养和社会进步的巨大作用。日本的学前教育发展速度快、质量高，除了受经济快速发展的影响之外，主要得益于其十分重视学前教育师资的培养。长期以来，日本对教师资格的取得有严格要求。早在1949年，日本文部省就制定了《教育职员许可法及其实行法》，确定了取得教师职业资格者的条件，并规定要想担任教师的大学生都需要修完三种科目，即学术专业科目、普通教育职业科目和职教专业科目，这类科目的考试较为严格，学生必须通过考试并获得规定学分后，才能取得不同级别的资格证书。要想成为学前教育教师，必须是大学毕业并获得学士学位，或者在短期大学（相当于我国的大专）学习并获得相应学分，前者授予一级资格证书，后者授予二级资格证书。而高中毕业生在报考学前教育教师时只能取得临时证书，要想获得正式证书，必须经过实践并获得规定学分。如此复杂且严格的制度，能够从教师培养的源头对师资质量进行把关，避免了学前教育教师无证上岗及职业能力无法适应岗位需求等相关问题的出现。另外，稳定和优渥的工资待遇也保证了高水平的师资队伍。为了吸引更多优秀人才投身于学前教育工作，日本提高了教师的薪酬标准，与普通公务员相比，其工资待遇甚至会高出20%左右，这就为更多更优秀的人才充实学前教育教师队伍创造了有利条件。

【案例二】OECD充足的财政供给

OECD学前教育进展与教学质量提高步伐较快，离不开财政公用资金对学前教育的大量支持。按照《教育概览2018》报告所公布的数字，OECD的学前教育公用资金投资占学前教育资金总投资的比重超过80%，其中芬兰、瑞典、挪威等国甚至高达90%。OECD广义上的学前教育大多分为两个阶段，即幼儿教育阶段（0~2岁）和学前教育阶段（3岁至适学年龄）。OECD内大约有三分之二的孩子从学前教育阶段进入公立教育机构，剩余三分之一的孩子大部分进入私立教育机构，但即使是私立教育机构同样也有大量财政公用支出的支持。2015年，OECD各国政府公共经费对学前教育阶段的平均投入达到72%，对学前教育阶段的投入则高达83%。此外，对于特殊群体家庭，OECD还会实施相应的教育补贴，以减轻这些家庭的负担，在很大程度上保障了特殊群体家庭儿童的早期发展。如英国政府的儿童福利补助金，韩国政府的国家基本补助金制度，等等。

综上所述，在国外发达国家的儿童学前教育发展过程中，有很多先进经验值得我们总结与参考：第一，严格教师准入制度，保障学前教育教师待遇。严格教师准入是从源头把控教师质量、确保学前教育质量的关键。日本极为严格的教师准入制度为学前教育高质量发展提供了重要保障。同时，高水平的工资待遇也能够更好地优化与稳定师资队伍，有利于促进学前教育长远发展，这种做法正是我国所缺失的。第二，优化财政投入结构，加大政府补贴力度。学前教育的快速发展离不开政府财政的支持和保障。OECD多数成员国政府的财政投入是学前教育经费来源的绝对主体，这能够有效地保证学前教育的公益性。而且私营机构同样可以获得政府的大量财政投入，从而有效降低了家庭的成本分担比例。此外，加大对特殊群体家庭的教育补贴，也在很大程度上减轻了家庭的负担。第三，加快学前教育立法，完善相关法律体系。完善的法律体系对学前教育规范发展具有重大意义。美国已有比较健全和有效的学前教育法律法规，对学前教育各领域的法律都有明文规定，为学前教育科学发展提供了有力保证。由此可见，完善学前教育立法对学前教育的进一步发展而言十分重要，我国应该积极借鉴国外教育立法的成功经验，树立较强的学前教育立法意识，为我国学前教育的规范化发展助力。

第四章　国外学前教育课程研究

第一节　美国学前教育课程研究

一、美国学龄前儿童发展与管理

按照美国现行的教育制度，5岁以下的儿童上幼儿园已经被列入国家教育系统，并作为正式教育的开端。因此，学前教育是指3~5岁儿童在正式入学前所接受的教育。3岁以下的儿童在托儿所或就读的地方称作"幼儿项目"。

童年是生命中最重要的时期。人的成长必须具备的知识、经验、能力等，都依赖于这个阶段的培养和塑造。在幼儿早期发展的重要意义日益凸显的今天，幼儿的教育问题一直是各国政府所关心的问题。美国联邦政府也不例外。从1965年起，美国联邦政府拨款的学前教育项目不断增加，在过去的数十年里，联邦幼儿园的数量呈几何倍数增加，以应对学龄前儿童的教育需要。根据美国的人口状况调查，1965年，全美5岁的儿童中，只有60%的人准时进入学校。1980年入学率达到了85%，到2005年入学率已经接近90%。3岁和4岁儿童的入托或入读率也在不断上升，1965年只有5%的3岁儿童和16%的4岁儿童进入学前班，到2005年3岁儿童入读率达到了40%，4岁儿童入读率则为70%。从1991年开始，美国家庭教育普查对学龄前儿童的教育状况作了全面的调查，其中包括儿童参加学前教育的人数、儿童接受教育的种类、年龄、种族、宗教、父母的收入和教育水平。调查显示，在2005年，4岁的儿童中有69%的人参加了不同的幼儿园项目，3岁的儿童去幼儿园的人数占了43%，儿童的就学率大大提升。相对来说，三四岁的孩子没有强制性教育，入学人数相对较少。最近几年，美国已经开始推广3~4岁儿童进幼儿园的活动，不少州的公共学校已经开设了预科课程，为该区域的学龄前儿童提供免费学前教育。不过，公共学前教育的资金毕竟是有限的，有些州只为一些经济困难或有特殊需要的儿童提供服务，有些州对进入学校的人员有严格的规定，比如华盛顿就采取抽签的方式来解决招生和教育资源的分配问题。

美国全国学前教育协会公布的《2013各州学前教育年鉴》显示，全国有超过130万名儿童在公共幼儿园上学，其中近115万名4岁的儿童在公共幼儿园上学，平均入学率为28%，有18万名3岁的儿童在公共幼儿园上学，平均入学率只有4%。但是各州之间的差距很大，全美51个州和特区，华盛顿州的公立幼儿园4岁和3岁儿童的入学率分别为94%和80%，罗得岛州3岁和4岁的儿童只有0%和1%的入学率，另外10个州没有公共幼儿园。在全国范围内，大约有436000名3~4岁的儿童在接受特殊学前教育。

美国学前教育学校的种类很多，主要有公立幼儿园、非营利合作学校、宗教背景学前教育中心、民办学前教育学校等。美国的学前教育机构必须经州或州政府的授权才能开办，学校的场地和设施及学校的教育质量决定了是否可以获得教育许可证。关于学前教育机构的组成，各州的情况差异很大，有的州私立学前教育机构占了主体，有的州绝大多数是公立机构并获得了政府的资助。就拿华盛顿来说，华盛顿哥伦比亚特区现在有三种主要的公共幼儿园：特区的公立幼儿园、特区的公共特许学校及社区幼儿园。华盛顿州的所有公共小学都提供了学前课程，并且在委员会批准后，公共特许学校也可以提供学前课程。这些学校都接收30个月到5岁的儿童入学接受免费教育。在华盛顿，在公共幼儿园上学的4岁儿童占94%，在公共幼儿园上学的3岁儿童占80%。其他民办幼儿园和具有宗教背景的学前教育机构数目都比较少，而且学生人数也比较少。

美国于1791年颁布的第10条修正案规定，各州有权进行学前教育，各年龄阶段都必须认真执行。美国的教育具有很强的地方自治性，各州都有自己的教育政策，并对自己的教育体系进行行政管理，所以美国的教育体制基本上由联邦、州、学区三部分组成。联邦政府并不对教育进行直接管理，其制定的目标和策略更多的是提示和号召，而非强制性。只有在资助计划下，联邦政府才能资助那些在私立学校上学的弱势群体。在过去的三十多年里，各州的教育都受到了联邦政府的影响，参与程度也越来越高，从克林顿时代开始，到布什时代，一直到奥巴马时代，政府一直在引导各州的教育改革。在美国各州教育的发展历史中，"国家"的形象日益深入人心。奥巴马总统上任后就对学前教育给予了很大的关注，在他的国情咨文中，他号召国会为每个儿童提供高质量的早期教育。奥巴马全面的早期教育计划包含许多项目，如教育质量、家庭和家长的教育、扩大入学机会。根据美国全国学前教育协会公布的一项调查，华盛顿的幼儿园在全国范围内是最受欢迎的，而且政府在幼儿园方面的投资和支持也是最多的。从华盛顿的例子可以看出，州政府在学前教育工作中的作用十分重要。

在学龄前儿童管理中，美国采取的是学区制。在美国，学区制度规制的对象主要为幼儿园和义务教育阶段的公立学校，学区制度借助合理的、透明的区域规划来为民众提供公平的受教育机会，但并不是个性化的、高质量的教育服务。美国私立幼儿园一般是由宗教组织、民间团队、个人创办，为民众提供较为多元化的教育服务，与就读学生居住地的学区没有关系，可以看作普惠性学前教育体系的一种补充。美国公立学区的划分与一般行政区划具有一定的联系，但并不是直接对应的关系。从本质上来看，美国学区是一种相对独立的"小政府"，或者说是一种教育类型的特殊政府，主要负责区域内的教育事务，一般行政区划则负责行政服务、市政管理等，由此可见，美国学区是教育层面上的政府。[1]通常来看，只有在学区居住的适龄儿童能够入园，但是为了避免出现适龄儿童超过幼儿园最大承载能力现象的发生，美国各州根据自身的情况制定了学区

[1] 张茂聪.教育改革与实践：美国学前教育课程标准的研究：《美国学前教育课程标准的实践与思考》评介 [J]. 山东社会科学, 2017(5):193.

入园入学优先次序制度，以美国纽约州学区制中的Kindergarten为例，其规定：①现阶段上3岁幼儿班的所有儿童；②居住在学区内且有兄弟姐妹入读该校的儿童；③居住在学区内但没有兄弟姐妹在该校就读的儿童；④居住在本学区以外但是其兄弟姐妹在该校就读的儿童；⑤居住在本学区以外并且没有兄弟姐妹在该校就读的儿童。

二、美国学前教育课程基本概论

自20世纪60年代以来，美国的学前教育政策在全球范围内是最先进的，随着世界各国对其发展的关注，美国的学前教育政策制度也逐步被世界各国借鉴。美国学前教育政策的先进性与其重视幼儿园建设密切相关。近年来，有关美国学前教育理论与政策的研究已有相当多的成果，可为我国学前教育政策的改革提供一定的参考。20世纪前半期，美国政府对学前教育的重视程度并不高，仅在个别州的教育政策和法律中提到。美国联邦政府在20世纪初设立了一个加强儿童卫生和家长教育的联邦机构。美国联邦政府非常关注家庭因素对儿童成长的影响，但是对社会因素对儿童的教育并未给予足够的关注。在此期间，学前教育仅仅是美国经济与社会发展的一个产物，只在少数的法律文献中被简单地提及，并未得到充分的发展。20世纪60—80年代，争取平等的发展转型时期来了。第二次世界大战之后，美国政府加大了对教育的干预力度，制定了相关的政策、法令，设立了各种应急幼儿园和托儿所，提高了国家对学前教育的关注，并将学前教育的投资纳入了政府的责任范畴，学前教育在这一时期得到了空前快速的发展。美国议会于1965年推出"开端计划"，为贫穷儿童提供补偿性教育，并赋予其平等的受教育权。

美国早期教育的主要内容是高瞻课程（也叫"高宽课程"）。美国幼儿心理学家、佩里学前教育项目主席戴维·维卡特于1970年创建了高瞻课程教学模式。其理论依据是皮亚杰的认知取向，即"人的发展次序是可以预见的，随着个人的成长而产生新的能力"。虽然人的成长是有规律的，但是在日常生活中，他们也会表现出自己的性格。在个人发展方面，有对特定事物的学习非常有利的特殊阶段——敏感期，特定的教学方式适用于特定的发展阶段。同时也认为，学习是一种发展的过渡，是儿童在与外部世界的交互作用下，建立起对现实概念的认识。教育的目的在于使"弱势儿童"在将来的学业上取得成功，因此这门课程是以认知为核心的。高瞻课程旨在促进幼儿、儿童、青少年的发展，以及通过对教师和家长的训练来促进幼儿的学习。

高瞻课程最初是为弱势儿童制订的一项干预方案，到后来发展到为所有的学龄前儿童开设合适的发展课程。高瞻课程吸取了皮亚杰、杜威、科尔伯格、埃里克森、鲍尔比、加德纳等人的相关理论，并结合了当时最先进的心理学研究。下面，笔者将对美国学前教育高瞻课程的发展进行论述。高瞻课程主要包括以下四个部分：第一部分是皮亚杰的认知发展学说，其中的儿童发展阶段论、儿童中心论、交互性观点、教师角色定位等，为美国早期学前教育的发展提供了理论依据。第二部分是维果斯基幼儿发展理论，从幼儿与周边环境的交互作用、成人和伙伴的中介作用、"最近发展区"、脚手架理论等几个角度阐述了高瞻课程的基本原理。第三部分是杜威教育理念，从杜威的教育观、课程观和教师观三个角度，对美国学前教育的发展进行了分析。"教育即成长""教育即生活""教育即经验"的教育理念，强调学生要积极主动地学习，倡导在体验活动中发现问题、解决问题，提升自己的能力。高瞻课程吸取了杜威的"课程理念"，注重儿童的活动，注重从儿童的真实生活中汲取素材，使其成为教学内容；高瞻课程吸取了杜威关于教师和幼儿的观点，认为"教师"不仅是参与者，而且是创始人和组织者，倡导"以人为本"的教育理念。第四部分是加德纳的多元智力理论，主要是从加德纳的多元智力理论中吸取，并在此基础上建立自己的重要发展指标，开发了"儿童观察记录"和"六个解决冲突"的评价工具。

高瞻课程把一天分为若干个时间周期，即工作回顾时间、小组活动时间、大型团体活动时间、户外活动时间、过渡时间。在不同的时间周期中，可以流畅、自然地进行切换。高瞻课程相信通过确立一天的例程，可以让儿童的学习更具目的性。规划—工作—回顾是最主要的活动。该课程包括以下三项活动：儿童在课堂上自主、自由地规划他们要做的事情；再将自己的计划和思想付诸实践；在执行完后，儿童将会进行小组讨论，以回顾他们的工作，并将他们的工作结果呈现出来。高瞻课程既注重儿童的自主活动，又注重儿童的反思和回顾。这段时间是一天中所有时间中最长的一段，这一阶段的目标是培养儿童对问题的兴趣。每个儿童都要考虑每一天要做什么，和教师一起讨论，在教师的指导下，儿童在一天内有一个明确而清晰的目标。所有的时间都由儿童自己选择和决定。规划好时间，让儿童有机会去表达自己的思想和意愿，并且让他们认识到自己是能够自主决策的人。他们锻炼自己的能力，和成年人合作，就像是和同伴合作。在制订好计划之后，儿童可以单独工作，或者和他人一起工作，直至他们达成一个目标，或者他们放弃了计划为止。在儿童工作的时候，教师要在一旁观看，并在适当的时候给予帮助和支持。工作45~55分钟后，儿童就会开始清理工作场地，把没有做完的物品放入柜子中，把工具和材料放回原来的位置，以便进行下一步的工作。

回顾时光是儿童回想起曾经发生过的事。在这个环节，儿童会一起分享，讨论他们当天所完成的事情。儿童运用不同的方式，重现相应的活动体验。他们也许会想起计划中其他儿童的名字，讲述他们的活动，或者是描述他们所遭遇的问题。回想的方法有回想所做的、怎样去做、回想计划及口头讲述。回忆时间能让儿童更好地了解他们的计划和行为，让他们有机会表达自己的经历和思想。这是教师根据具体目标安排的，让儿童在实际操作中解决问题的过程。一般由5~10名儿童组成，由一名成年人引导。小组活动是儿童和教师非常熟悉的一种活动，也是教师组织儿童参加活动的一个时段。团体活动要考虑到儿童的文化背景、之前的团体、课堂所用的教材、季节、儿童的年龄等。在小组活动中，教师给儿童一个框架，让他们自己去思考，去解决问题。这些活动没有预先设定的效果，但是可以反映儿童的需要、能力、兴趣和认知的程度。与儿童交流，提出开放式问题，以丰富他们的思维和行为。在设计、执行团体活动的过程中，儿童的主动参与是非常关键的。一个活跃的团体活动可以让儿童有机会去探究各种材料、物件和感觉，以及和大人们一起参与。此阶段旨在培养儿童的集体意识，使他们能够有机会分享和体验共同的活动。一般在这个时候他们都会有节奏地唱歌、讲故事、演戏等。在大型的小组活动中，全班的儿童和大人一起玩游戏、唱歌、做手工、练习基本动作、弹奏乐器，做一些特殊的事情。在此期间，每个儿童都有机会参与这个团体，与他人交流意见，或效仿他人的做法。尽管这个运动是由成年人发起的，但是儿童在其中占主导地位，成年人应尽量满足他们的需求。

体验质量也是高瞻课程的重要组成部分。一天1~2次、每次30~40分钟的户外活动时间，不仅给儿童一个锻炼身体的机会，还能让儿童和伙伴们一起玩耍，享受游戏的快乐，是体验质量的体现。儿童从一种经历过渡到另一种经历，被称为过渡阶段，也是儿童体验质量的体现之一。比如上午从家里到幼儿园的时间，小团体转换成大团体的时间，以及离开幼儿园回家的时间。如果成年人能够留意到儿童在过渡阶段的需要，就可以提高他们的体验质量。

高瞻课程教学理念的核心是学生积极地参与学习，使学生和老师成为教学合作的一部分。培养儿童的学习兴趣关键在于与儿童的正面交流，儿童在老师的组织下建立了不同的兴趣区域，这些区域充满了各种各样的开放的内容，以形成一个激励的学习氛围。

高瞻课程十分注重儿童的发展，尊重儿童，热爱儿童，以儿童发展为首要目标，寻求全面、和谐的儿童个性化发展；充分认识到环境在教育中的重要性和功能，为儿童创造一个良好的身体和心理环境；在教学过程中，教师是儿童活动的倡导者，为儿童创造了特定的环境，以促进儿童的主体性发展；在评价方法上，高瞻课程以记录的形式进行，推动每位儿童的成长。

三、美国学前教育课程改革背景

美国的学前教育事业在19世纪有了相当程度的发展，在这段时间里，由于政治、经济等因素的影响，美国学前教育事业的发展方向是模仿其他国家。政治方面，由于欧洲国家的大量移民，美国出现了新的教育理念。经济方面，美国在获得政治独立后，经济得到了飞速的发展。在工业化初期，美国通过一系列的社会改革，间接地促进了教育的现代化发展。

19世纪初期，随着工业革命和资本主义的兴起，美国早期的学前教育开始起步。欧文创办了第一所"新和谐村"幼儿园，位于美国印第安纳州，它为工厂里的儿童提供了良好的人格教育和专业技能培训。但因为有一个很大的组织冲突，最后以失败告终。福禄培尔的幼儿教育理念在19世纪50年代引入美国之后，1855年，德国移民舒尔茨女士在威斯康星州维特镇创办了美国第一所幼儿园。在福禄培尔早期教育理念的影响下，美国兴起了一场幼儿园运动：1860年，美国首家英语幼儿园在波士顿市比库尼街的私人住所诞生。19世纪70年代以后，由于社会福利的发展，美国的私立幼儿园数量迅速增加，在此期间，联邦政府把学前教育作为公共教育的一部分，以确保其在公立小学系统中的地位。因此，美国的学前教育在19世纪末得到了快速发展。自20世纪以来，随着联邦政府对学前教育事业的重视，学前教育事业迅速发展。在政治方面，第二次世界大战中，由于很多女性参加了战争，因此联邦政府采取了帮扶政策，让另外一些妇女在白天照看孩子。在经济方面，美国经历了金融危机，联邦政府通过财政支持，让当地的教育机构开办幼儿园，从而推动了美国学前教育的持续发展。

20世纪，美国学前教育事业有了质的飞跃，并在此期间实现了持续的本土化和快速发展。20世纪前半期，因福禄培尔学前教育理论的真谛未被人们充分认识，其学前教育理论及理性因素被完全忽视，在这样的情况下，美国掀起了一场"进步主义幼儿园"运动。[1]20世纪中叶，联邦政

[1] 向海英.课程标准化：学前教育质量提升的保障或藩篱：评《美国学前教育课程标准的实践与思考》[J].中国教育学刊，2017(4):127.

府越来越重视幼儿园的建设，推行"提前开端"计划，增加对补偿性幼儿园的投资，强调发展儿童的智力，促进学前教育机会的平等。20世纪80年代以后，随着政府的介入，美国的学前教育得到了全面的发展。20世纪90年代以后，美国进行了新一轮的师资体制改革，在不断深化的过程中，美国的师资体系从数量到质量，从低标准到高标准，从各州分散、独立到全国范围内的标准逐渐统一，使美国的学前教育水平得到了很大的提高。美国一直在对幼儿园的课程目标进行改革，以便更好地推动社会和幼儿的成长。布什政府于2002年年初颁布《不让一个儿童落后》法案，其中清楚地表明，要把重点放在改善弱势学生的学习成绩、提升他们的英语技能和把读书作为优先事项的要求。2003年，美国儿童早期教育学会与儿童早期教育联盟共同发表的一份声明中说"幼儿早期教育"是全面、高质量的幼儿服务系统的一部分，帮助他们在儿童早期阶段的学习体验以便获得将来的成功。《入学准备法》是由"开端计划"重新授权制订的，美国学前教育的目标是强调幼小衔接，这一标准针对K12教育（kindergarden through twelfth grade，学前教育至高中教育）的学生，其中包含数学与英语，这两个科目所提供的技能将为其他科目的学习打下坚实的基础。在《不让一个儿童落后》法案生效十年之后，2012年年初，26个州相继表示，在执行这项法律时要有一些自由，美国的教育界也同意将更多的精力放在提高教学质量和缩小学生之间的差异上，允许各州自由发展。

美国教育部于2001年出台的《2001—2005年战略规划》，是美国教育改革的思想和今后教育发展的基本趋势。它的一个战略目标就是使所有的儿童都能接受优质的学前教育，为他们的入学做好准备。布什总统在"开端计划"的基础上进行了一系列的改革，为弱势儿童的入学做了最好的准备，真正做到了"不落人后"，这对稳定美国社会、缩小不同背景的儿童的差距、提升国家的教育质量起到了重要的作用。奥巴马政府早期面临的主要问题是学前教育的公平性和品质，尤其是低收入家庭和高收入家庭的学前教育质量与将来的学业成绩之间的差距越来越大，对提高国民整体素质十分不利。因此，奥巴马政府于2010年初公布了一项新的教育政策，即增加早期教育投资，以缩小各年龄段儿童的差异，提高教育的公平性。

美国学前教育已经逐步形成了以儿童为中心、促进儿童全面发展的教育思想。美国联邦政府于2002年推出了《先声夺人、智慧型成长》法案，通过这项法案，各州基本完成了为各种早期托儿所和教育机构提供的早期阅读、书写、早期数学和语言发展的标准。各州在制定早期学习准则时，要注意提高教育的适用性，要兼顾儿童的年龄、个人的需要，还要考虑到他们的文化背景，这样才能真正地尊重他们，重视他们的前途和发展。在美国，大部分的孩子，只要他们不生病，就会对自己的学业充满信心。幼儿园阶段是整个教育发展的开始，幼儿园阶段的教学目的是达到整体的教学目标。保障儿童有持续发展其个人爱好的机会；确保孩子们养成热爱学习的性格。只有如此，对孩子们的学习体验和未来的成功，才会更加有益。为了关注幼儿的识字和数学教育，2002年的《不让一个儿童落后》法案特别提出了两个关于阅读的计划，重点是从幼儿园到小学三年级。如果州政府已经开展了面向幼儿园至小学二年级的综合性科研项目，新"阅读第一"计划将由美国联邦教育部提供资金，使所有儿童都能接受优质、适当发展的学前教育，并在三年级以前培养出良好的独立读书的习惯；在八年级末，让每个孩子都具备很强的数学能力。美国政府为进一步增强学生的识字水平和写作能力，于2009年签署了一项全面计划，要求在小学范围内开展大量的阅读活动，开设新的阅读课程，以增强孩子的口头表达能力和词汇量。美国早期阅读协会制定了"幼儿早期阅读教育目标"。例如，5~6岁的孩子可以了解图书的各部分及它们的不同作用；收听熟悉的文字内容；又或在阅读自己所"写"的文字时，适当加以表达，使其有机会开展社交活动，以建设性的、有创意的方法解决冲突，以及从他人的角度思考问题。包括残疾儿童、有行为障碍和特别需求儿童在内的所有儿童，幼儿和家长都要积极参加社区活动，以促进幼儿的社交情绪发展，各年龄阶段的幼儿每日都有一次外出玩耍的机会，而日程表则强调静态与动态的平衡，强调大肌群、小肌群的协调，确保幼儿的安全。美国科学院在2007年的一份研究报告中指出，玩游戏不但可以提高孩子的行为能力，还可以帮助他们的大脑发育。在教学过程中，要注重以幼儿为中心的教学活动，使其在教学中的优势得到最大限度的发挥。在丰富的语言刺激下，尤其是在游戏中，学习有关的数学知识。美国儿童早期教育学会提倡发展适宜性教育，并将其作为发展适宜性教育的核心。

进入21世纪后，历届美国政府都十分重视学前教育，不仅强调了市场在教育领域中的重要性，还给予了学前教育持续性关注，州政府加大了对学前教育的支持力度，使美国学前教育得到了新的发展。第一，联邦政府增加了学前教育资助项目及资助经费，2015年颁布了《让每一个学生都成功》，其中对学前教育资助进行了制度性设计。在经费方面，2000年全部投入不超过300亿美元，2017年预算已经达到了600亿美元。联邦政府、州政府及地方政府投入占比分别达到了22%、44%和34%。在投入数量上，州政府和地方政府的投入在上升，但增长速度较慢；在结构上，联邦政府的占比近十年增加了约14%，额度上更是增长了约5倍。第二，州政府重点强调公共学前教育。2000年美国仅有30个州设立了学前教育项目，2017年则达到了40个。州政府也加大了对公共学前教育的投入，从2000年的146亿美元提高到了2017年的270亿美元。虽然投入增长比例并不高，但是绝对额度增长十分显著，与联邦政府整体投入相持平。

四、美国学前教育课程设置对我国的启示

一是应引发全社会各界重视学前教育。美国把学前教育看作国家的未来和希望，大力支持学前教育事业。在措施、政策、资金上推动学前教育不断向前发展，就是在托举祖国明天的太阳。认知很重要，要从思想上开始重视学前教育，而不是空喊口号。二是在美国，学前教育教师的培养是美国学前教育事业发展的关键，他们相信，只有合格的学前教育老

师，才能在教育中培养出健康的儿童。所以，美国的学前教育教师入职培训尤其严格，他们对学前教育教师的培养，以及入职后的各项培训，都投入了大量的精力，教师已实现职业化、体系化培养。此外，美国学前教育提倡家园合作，实行开放多样的学前教育途径，这为我国学前教育发展提供了思路。通过他国在发展过程中的问题，可以总结教训，把我国的学前教育制度尽快完善，构建完善的体制，从而创造出符合我国各地区实际情况的中国特色的学前教育发展之路。

第二节　新西兰学前教育课程研究

一、新西兰学前教育理念及背景

新西兰十分重视儿童学前教育，并在儿童学前教育方面给予了大量的支持和投资。例如，新西兰政府在2016年对儿童教育的财政拨款为3.97亿新西兰元，这表明了学前教育在新西兰的重要性；此外，政府还将为3~5岁的儿童提供每周20小时的免费幼儿园补助，每人每日不超过6小时。在新西兰的幼儿园里，有来自不同肤色、不同文化背景的小朋友，有欧洲的后裔、毛利人、斐济人、中国人、韩国人、印度人等，他们组成了一个小型的"联合国"。新西兰以三大教育思想为指导，实施学前教育。

（一）华德福教育法

华德福教育法是新西兰目前主流幼儿园普遍接受的一种教育方式，主要目的是使儿童充分发展自由精神、健全道德责任和培养全面的社会素质。华德福早期教育思想的发源地是奥地利，创立者是鲁道夫·斯坦纳。鲁道夫·斯坦纳开创了人智学，以人智学为理论依据，以科学的方式探讨人的智力、人与宇宙的联系。1919年，在德国的斯图加特，鲁道夫·斯坦纳创建了华德福学校，该校被视为未来教育的典范。华德福学校经过一百多年的发展，如今已经在五大洲的不同文化和价值观的国家中广为传播。华德福学前教育以人为中心，培养自由、道德自主、人格完整、社会能力强的儿童。华德福学前教育注重培养孩子的身心，使之得到充分的发展，通过对生命的不断探索来提高其人文精神，使之成为一个独立、自由的人。华德福学前教育主张在"玩"中"学"，而不主张正规的教育。学前教育以练习手工为重点，创造有利于创意游戏的氛围，并强调积极参与。在学习的过程中，总是强调想象的重要性，在学术、实践和艺术上都融入了这些价值观。鲁道夫·斯坦纳曾经说过："人与自然界的一切都是密不可分的，学校里有足够的自然空间，让孩子们可以通过观察和感知自己和自然的节奏，让他们明白，人就是大自然的一员，是华德福教育的一个重要组成部分。"许多华德福学校建在郊外或者乡下，华德福早教注重自然环境的营造和户外活动，以迎合孩子们对自然的需要。小朋友在沙地上，抚摸树木，摸着木制的房子、玩具，在大自然中嬉戏、学习。

华德福幼儿园的课堂中，以传递爱心、温馨、安全的方式，培养孩子们的创造力与艺术性。比如，华德福幼儿园的教室里有厨房设备，孩子们可以自己动手练习，也可以在课桌旁闲聊，就好像是一个温馨的家。华德福幼儿园还设有农业教室，可以让孩子们在园艺师的引导下，学习动植物、季节、生态等知识，并参与农业生产。华德福的教育思想是：良好的教育应当从纵向和横向两个方面全面地照顾个人的发展，自然与富足的秩序让儿童的成长更加丰富、更加合理。华德福的教育理念是"自然主义"。华德福认为人是自然的一部分，提倡人与自然的关系。人是自然界的一员，人的生长也应该是一个自然的过程，而且要按照人的生长规律来发展。尽管人是社会的一部分，但人的本性同样不可忽略，也不可违背。华德福教育反对人为地以人与社会为目标，违反个人的自然生长规律，过早、过多、过难地进行智力教育。华德福教育思想丰富，在教学实践中得到了广泛的应用。关于学校的选址也很讲究，华德福学校一般会在自然条件好的地方建校，这里的自然环境是"原始的"，而不是人工的。

华德福的教学工具更多的是原始的，是由人精心设计的，或是由教师和学生共同完成的，而非机器的制作。华德福学校采用的绘画颜料，也是用植物色素制作而成的，华德福学校没有塑胶玩具。华德福教育相信自然是最好的教师，与自然的亲密接触是最好的早期教育方法，儿童在玩泥巴、种植庄稼、玩过家家等原始游戏时，身体、心灵、精神都会得到充分的发展。

（二）蒙台梭利教育法

玛丽亚·蒙台梭利是20世纪国际著名的儿童教育家，她创立的独特的儿童教育法在西方国家受到广泛的欢迎，对欧美等发达国家的教育和社会发展产生了深远影响。蒙台梭利对儿童早期教育高度关注，并对儿童早期教育进行了近半个世纪的教育实践和研究；她的教学方式从智力训练、感官训练到体育训练，从对自由的尊重到意志的培养，从平民到贵族的培养，为西方工业社会的可持续发展提供了一批杰出人才。《西方教育史》把她称为20世纪最杰出的科学和进步的教育者，这一成就在欧洲乃至全世界都得到了广泛的认可。蒙台梭利在很大程度上继承了卢梭、裴斯泰洛齐和福禄贝尔等人的自然与自由教育思想，并结合自身的实践和试验，结合生物学、遗传学、生理学、心理学、生命哲学等理论，开创了一种崭新的教育思想。她相信，孩子们天生就具有"内在活力"或称"内在潜能"，也就是具有自我学习和自我完善的能力。这是一种积极的、生动的、不断发展的生命，拥有无限的能量。

教育的使命是发掘和开发儿童的"内在潜力"，使他们按照自身规律得到自然、自由的发展。蒙台梭利教育法旨在通过科学手段来发展人的潜能，使其能够独立思考、独立判断和独立工作。蒙台梭利教育法认为，基于对儿童的积极性或自发活动的干预，能够让儿童自由地进行探索和发展。因为只有在一个自由的环境中，儿童才会成长，并且会受到有利的影响。蒙台梭利关于儿童心理发展的观点是其整个教育理论的基石。很多人曾经指责她纯粹是基因决定论，但事实并非如此。蒙台梭利指出，儿童的心理发展不是简单的内在的成熟，也不是环境、教育的直接结果，而是有机体与环境的相互影响，是"对环境的体验"。

蒙台梭利认为，通过营造有利的学习环境、适当的教育手段、早期的教育、丰富的儿童体验，是预防和消除智力低下的有效途径。具体而言，蒙台梭利教育的第一个重点是人内在的活力。她说：儿童的成长是因为他们的内在生命潜能的发展，他们的生命是由基因决定的。对于儿童来说，生命的活力是一种自发的冲动，所以她反对以儿童的自然冲动进行抑制或触发来区别好与坏的教育，并对其进行了严厉的批评。她说，"在这些学校，儿童就像是被钉死的蝴蝶，每个人都被绑在一张桌子上"，这对儿童的成长有很大的影响。在生理上，造成骨头的变形；在心理学上，教师用奖赏和惩罚来吸引儿童的注意力，让他们保持专注和沉默。蒙台梭利否定了奖励、惩罚等强化功能，强调了儿童的内在力量和主观能动性。她认为，对环境的需求刺激与儿童的内部需求相关，并将其视为非被动地接受外部的刺激，而不是具有自身内部结构、变化与发展的状态。蒙台梭利认为，生命力的冲动是通过儿童的自发活动表现出来的，"生命是活动的，只有通过活动才能发展"，要想让儿童的活力与人格得以表现、满足与发展，就需要营造合适的学习环境。蒙台梭利提供了一个很好的"儿童之家"：有一个可以让学生自由出入的大花园；4岁小孩就可以轻松地移动桌子和椅子；教室内设有长条形的矮柜子，儿童可以随意使用其中的各类教具。这种环境显然是为儿童提供足够的空间以便于活动而建立的。

在人的心理发展历程中，蒙台梭利特别看重年龄段特点所显示的生命发展：儿童期是人格形成的关键时期，"在这一时期，最需要的就是智力上的协助"。在幼儿时期，其各项心理功能也有其发展的关键期，如

2~6岁是对良好行为准则的敏感期，2~4岁是对色、声、触等感官的敏感期。某些感官的能力会在对应的时间内出现、消失，当这些能力出现的时候，他们的学习效率最高；而忽略这些敏感时期的锻炼，将会导致无法挽回的后果，这也是许多智力低下的儿童能力差的根本原因。因而，环境与教育对幼儿的心理健康发展起着重要的作用。蒙台梭利说，在她的教学方式中，环境是一个重要因素。蒙台梭利也指出，人的发展节奏是不一样的，而教育要符合儿童成长的敏感时期，就必须根据儿童的成长节律来进行不同的教育。蒙台梭利关于儿童发展的看法是什么？蒙台梭利没有清晰地阐明遗传、环境、教育三者之间的辩证关系，她的理论基础是儿童的自然活力，认为教育只不过是儿童潜力（直觉）的表现。蒙台梭利或多或少地注意到，人的心理发展是遗传、环境和教育的综合作用，教育可以纠正智力上的缺陷，促进儿童的智力发育，所以进行早期教育是很有必要的。她尊重儿童的发展特征，反对以成年人的思维方式影响儿童的心智发展，并指出儿童的行为和内在动机是有道理的。蒙台梭利对儿童的敏感期和儿童的发展阶段理论得到了许多心理学家的认可。蒙台梭利在教育方面的成就，离不开她对儿童心理的正确认识。蒙台梭利的教育思想有五大特征：①以儿童为本，创造一个以儿童为中心的"儿童世界"。②要有充足的教学工具，儿童通过感觉来学习，儿童受到的刺激越多，他们的内在潜力也就越大，蒙台梭利的课堂为儿童提供大量的教学材料（包括自然的、人文的……），激发儿童的自学兴趣。③"不教"。与传统的教师灌输式教学相抵触，提倡营造一个良好的教学氛围，用丰富的教学工具，让儿童主动接触、研究，激发智力。④掌握敏感期的学习。0~6岁的幼儿，在不同的发育时期，会产生对各种事情的偏爱，即幼儿敏感期。蒙台梭利的学前教育法注重对幼儿"敏感期"的把握，对幼儿进行适当的指导。⑤教师处于"辅助启导"的角色。教师应摒弃传统的"自我"教育模式，从侧面适时地帮助和指导幼儿，让儿童成为"教育的主体"，激发动脑，挖掘其潜能。

（三）瑞吉欧教育法

在意大利瑞吉欧艾米利亚镇，洛利斯·马拉古齐和当地的学前教育工作者建立了一套学前教育系统，这套系统以实际的经验代替常规的教学方式来培养儿童的学习，其目的是使每一个儿童都能喜欢探索、发展自己的个性、学会尊重他人。这套系统被称为"瑞吉欧教育法"。瑞吉欧的理念是以儿童的意志为基础的。所有的儿童都是很有创意的，瑞吉欧教育工作者能够培养他们独特的学习技能和天生的探索精神。当他们按照自己的爱好去做的时候，他们就会和他人建立起不同的关系。成人应给儿童创造一个丰富的学习环境，并给予其有力的支持。瑞吉欧的教学方式是以孩子为本，以项目为基础，而非枯燥无味地教学。在游戏中，学习项目可以在任何时候被激发出来。比如，在游戏中创造一个新的情境，让儿童深思，或者邀请他人参与。这个计划开始后，儿童能够完全控制整个过程，直到计划结束，并且可以分享给他人。孩子们很自然地融入了研究者、探险家、设计师的灵魂。他们提出假设，尝试新的东西，调查、玩耍、发挥想象力。为了前进，研究者会提问，会提供回馈，设计者会提供创意和蓝本。要培养儿童的创造性，教师不会干涉，只会让他们自己去做，即使是错误的，也让它自然发生，由错误引起的矛盾会使儿童具备社会能力。在冲突中，儿童学会表达、倾听、辩论和讨论，学会接受他人的观点，并尊重他人。教师通过图片和视频记录学习的全过程。照片、绘画和雕塑让知识具象化，录像让学习过程更加清晰。所有的想法、案例和对话都会被张贴在墙壁上。孩子们可以在以后回顾自己的成绩，发现还没有做完的事情，从失败中吸取教训，从而树立自信。在学习的过程中，他们会有一种完全的自主权，会有一种对自己的进步有控制力的感觉，这为他们的终身学习奠定了坚实的基础。

家长被视为"瑞吉欧教育法"的终极目标。为了使家长更好地了解到以"儿童为本"的教育，瑞吉欧教育工作者鼓励他们不但要向教师和孩子学习，还要和孩子一道学习，在孩子放学后，让他们可以继续从事研究、冒险和探险活动。让儿童独立学习，注意观察他们的行为，如果家长能很好地理解他们的行为，那么其教育就会和过去的不一样。瑞吉欧的教育方式很有意思，它没有形成正规的课程体系，也没有资格证书等。课程的主要目的是通过不断地批判思考与合作来协助孩子表达自己的经历。不要让孩子死守预先设定好的课程，孩子们在学校里学到的知识就会变得更加灵活，而且这些课程都是基于他们的兴趣。瑞吉欧的教育家认为，有超过100种方式可以让儿童通过舞蹈、游戏、试验和角色扮演等方式来探索和学习。这个新的学科叫作"生成课程"。儿童、孩子、父母和社会团体将共同努力，为儿童提供最好的教育结构。瑞吉欧的核心部分之一就是"项目"，与一般的一次示范不同，项目专案是累积式的、渐进的。一个工程可能会持续一个月，也可能是一年。课程的主题应是特定的，并结合儿童的兴趣（如恐龙、行星、卡车、食物）制定，儿童的兴趣是项目和课程核心，因为当他们对所学的学科感兴趣时，他们就会有较好的理解力，并愿意主动参与。在完成一项计划后，教师会协助儿童确定新项目的方向、研究主题、运用何种媒介进行演示，请父母协助提出问题，并让儿童自行解答。瑞吉欧学校的教师，不仅要教导儿童，还要自己去学习。教师要认真倾听儿童，并监督、反馈儿童的作品，还要将其记录在案。教师在查看儿童的家庭作业时，可以发现儿童的不足之处，从而发现如何提高他们的教育水平。同时，这些个案也让教师有机会向家长报告他们子女的成长情况，这样才能让父母更多地参与儿童的学校生活。在瑞吉欧课程中，教师与儿童进行交流非常重要，这样可以让教师观察儿童，并考虑下一节课要教授的内容，教师还会用开放式提问来鼓励儿童参与。

二、新西兰学前教育课程应用

"学习故事"是新西兰幼儿园普遍采用的一种叙述式评估方法，近年来受到了世界儿童教育界的高度重视，英国、德国、加拿大等国家的许多幼儿园在推行该方法。新西兰与我国的儿童教育机构之间的交往越来越密切，我国的"学习故事"也越来越受到人们的重视。"学习故事"是以叙述的形式来评估幼儿的学习与发展。"学习故事"是新西兰学前教育的一项重要内容，它的产生和发展与新西兰的基础教育课程改革紧密相关。

新西兰于1996年正式发布了全国儿童早期教育大纲 *Te Wh a riki*，该大纲为新西兰学前教育机构和教师提供了一个方向和目标。[1]新西兰的学前教育工作者、从业人员、专家学者、父母在商定全国学前教育课程时，就"儿童的形象""教育为谁而办""儿童需要什么课程"等主题进行了探讨，在包容、合作、研究与学习中形成共识。新西兰位于大洋洲，属于英联邦的一个国家，80%的人是白人（也就是欧洲的移民），但最早发现新西兰并在新西兰定居的是毛利人。尽管新西兰中的毛利人约占10%，但毛利文化对 *Te Wh a riki* 的影响很大，毛利文化的世界观、儿童观念也让新西兰学前教育人员了解了早期教育的实质。毛利人把孩子视为毛利社会的重要成员，他们是连接过去、未来、家庭和社会的纽带。孩子并非"白纸"，而是有能力、自信的学习者和沟通家。所以，教育的目的不在于改变孩子，而在于让孩子拥有强大的力量。为了让孩子们成为有能力、自信的学习者和沟通者，新西兰的学前教育教师就"学龄前孩子"一词的问题进行了激烈的讨论。*Te Wh a riki* 最后还是用了"小孩"这个字眼，而非"学龄前儿童"，因为这会让人觉得，与小学生相比，这一年龄的孩子是弱小的、发育不完全的，或者说，学前教育课程是小学的预科，是一种实用的、为小学而预备的。新西兰的学前教育机构为0~5岁的孩子和家长提供各种不同的教育和支持，这些机构的目标是让孩子和家长能够找到符合自己需要的正规幼儿园。

新西兰的学前教育机构主要有：①民办全日制幼儿园，它为0~5岁的孩子提供全职教育；②针对3~5岁的幼儿，多数是半日制，4~5岁的孩子每天早上来园，3~4岁的孩子则是一周来三个下午；③以父母为主体的社区活动中心，要求家长自愿参与专业训练，并在家长的帮助下，孩子在玩耍的过程中得到了积极的组织和支持；④毛利语儿童教育中心，致力于毛

[1] 闫琳琳. 新西兰学前教育本科课程设置与实施研究 [D]. 大连：辽宁师范大学, 2020.

利文化与语言的保护与传承；⑤提供小型、家庭式学前教育的家庭式幼儿园；⑥远距离函授学校，它为偏远和人口较少的地区的孩子和家庭提供远程的早期教育支持与服务。不同的幼儿园可以位于一个民族地区，也可以为一定的群体和家庭服务，例如太平洋地区的文化团体，或者有特别学习需求的孩子；有些方法还可以被采纳，比如蒙台梭利幼儿园、华德福幼儿园等。虽然不同的幼儿园提供的服务对象和教学方法不尽相同，但是这些幼儿园必须通过新西兰教育部的认证和统一管理。

新西兰政府对各种学前教育机构的资助和评价标准一视同仁。每一家幼儿园都从政府那里获得财政资助，依据是各幼儿园的儿童人数、每名儿童每周的教育时长和每一所幼儿园注册教师的比率。教育评价局是教育部指定的第三方教育评价机构，负责对幼儿园的日常管理和教育实践进行评价和监督，并将其评价结果公布在教育部的网站上。

Te Wh a riki 是新西兰儿童早期教育改革与社会大讨论的成果，是全球第一部双语（英语、毛利语）与双重文化的综合教材。毛利人的儿童教育课程大纲，有如下突出的特征。

第一，"*Te Wh a riki*" 是毛利人传统手工制作的一种"草席"。草席是毛利人民的一种重要的生活工具，可以让他们站着、躺着，也可以穿在身上，是一种特殊的服装。每一种草席都有其特有的图案，其边沿是敞口的，大小、长度和使用范围都不同。就像教育与学习的过程，可以是漫长的，也可以是短暂的，没有尽头，没有固定的边界。所以，"*Te Wh a riki*" 一词被选为全国学前教育课程的名字，反映了该课程的新西兰特色和对毛利文化的尊重。*Te Wh a riki* 所描绘的学前教育教师每天的教育与教学状况也是十分开阔和宽泛的。

第二，新西兰全国儿童教育大纲对以往的儿童观、学前教育观产生了巨大的冲击。*Te Wh a riki* 的正文首段清楚地阐述了新西兰的儿童教育事业，"这门课基于这样一种理念：孩子是一个有能力、自信的学习者和沟通家，他们的身体、心理都很健康，有安全感、有归属感，对社会有重大的贡献。"这句话是 *Te Wh a riki* 的精髓，也是新西兰所有儿童教育工作者的理想，无论是在理论上，还是在第一线。他们相信，孩子是天生的、有自信的、有能力的学习者和沟通家，孩子的学习与成长状况应当是正面的、充满活力的，是为终身的发展做好准备的，而非狭隘地为了上小学。新西兰的早期教育工作者将早期学前教育作为一个理想的发展环境，而不是一个培养的目的。

第三，新西兰全国儿童教育项目提倡的是"蜘蛛网"式的教学模式。新西兰的学前教育工作者在 *Te Wh a riki* 中提出了四条教学原则（授权、全面发展、家庭与社会、关系）和五条发展主线（健康、归属感、贡献、交往、探索），形成一种蜘蛛网般的网络结构。*Te Wh a riki* 强调孩子们在成长为终身学习者时所需的心理趋势，并且认为课程的发展需要倾听和尊重每一个人的意见、每一个人都有参加讨论和"编织草席"的权利。"每一个人"指的不只是专业人士，而是全体学前教育教师、家长、儿童及各种社会阶层。

Te Wh a riki 中有四个主要的教学原则来增强孩子们的能力：授权原则让他们拥有了学习和成长的能力；全面发展原则让学前教育课程充分反映了儿童的学习与发展状况；家庭与社会原则是在儿童学前教育中不可或缺的内容；关系原则指孩子们在与他人、环境、事物之间的相互影响中学习，形成不同的关系。这四条教学原则被认为是"编织草席"的重要素材，必须与每个孩子的发展方向和各方面的发展目标结合起来，从而织就一条可以让每个人都能站起来的草席。*Te Wh a riki* 中关于儿童发展的五条主线，主要是描写儿童学习、发展的状态与感觉。健康：保护和增进儿童的身体和心理健康。归属感：孩子对自己的家有一种归属感。贡献：教育机会平等，每个孩子的贡献均得到尊重。交往：在孩子自身和其他文化中，加强并维护他们的语言和象征符号体系。探索：孩子们通过积极地探索他们周边的环境来学习。*Te Wh a riki* 希望教师能够把四大教育原则和五条发展主线与目标结合起来，让学前教育机构和教师在日常生活中运

用多种方式教学。*Te Wh a riki*是一种"草席"，供每个幼儿园的所有成员（儿童、家长和教师）使用。换句话说，*Te Wh a riki*并非一门关于特定教育目标和教学内容的课程。这是一套教学大纲，希望每一所幼儿园都能根据地方的社会和文化特征来设计课程。*Te Wh a riki*是一个具有鲜明文化特色、清晰教育理念和完善评价体系的学前教育课程体系，它把每一个孩子视为有能力和自信的学习者和沟通者，旨在发展孩子的良好个性和心理趋向，帮助他们建立自己的关于人、地方和事物的理论，是指导当地幼儿园建设的一套课程大纲，是幼儿园教师指导教学的一套完整体系，是孩子们在学前教育阶段的指路明灯。政府的统一管理使各种幼儿园都可以使用*Te Wh a riki*。自从1996年正式颁布以来，各种学前教育机构都按照*Te Wh a riki*来组织和实施自己的教学。各种学前教育教师在学习如何尊重幼儿的兴趣和需求、提供丰富的学习环境、在支持和评估幼儿的学习与发展等方面都有着丰富的实践经验。*Te Wh a riki*成了教育部门和教育评估局对各个幼儿园的教学质量进行管理和评价的基础。新西兰的早期教育专家还意识到，评估并不是一种考试，而是一种对孩子的学习和发展的支持。他们相信，教师应该改变以"客观"的观察为基础的现有评估方法，教师要做的就是倾听孩子们的想法。

因此，由*Te Wh a riki*的编写者玛格丽特教授领导的研究小组开始探索一种评估孩子的学习方法，这种方法可以反映*Te Wh a riki*中四个主要的教学原则。"学习故事"是玛格丽特教授在教学研究中受到启发的一种叙事形式。*Te Wh a riki*的核心教育思想是受维果斯基和布朗芬布伦纳的生态学说的影响而形成的。玛格丽特教授通过对故事的分析，发现了学习的复杂性，其中包含学习策略和动机。学习的复杂性能够反映学习的环境特征，能够把学习的社会特性和学习效果结合起来；也能融入孩子的声音，能突出孩子的参与感。因此，她建议以"学习故事"的形式记录、评价和支持孩子们的学习。"学习故事"有其自身的特点。首先，故事的学习是为了帮助孩子们更好地学习，而非对他们的学习成果进行评估。所以，这是一种形象化的、专注于学习的过程，是整个课程的一部分。其次，故事的学习是在日常的教学环境中进行的观察，以图片的形式将孩子们学习过程中的"魔法时刻"记录下来，重点放在孩子们能做的和感兴趣的事情上，而忽略了孩子们不能做的和缺乏的部分。在这些神奇的瞬间，孩子们会展现出一种或多种智力倾向，这是*Te Wh a riki*中所强调的勇气、信任、坚持、自信、责任。通过对幼儿学习的观察，教师制定的教学方案、教学策略和教学内容都是基于对幼儿学习的观察。"学习故事"的这种特性说明，"学习故事"不仅是一种学习评估的工具，更是一种观念，一种以儿童为中心的教师与儿童共同努力的方法，即教育从儿童的学习开始，并努力地分析和了解，充分利用已知的知识，有效规划和支持儿童的后续学习。一个"学习故事"包括以下三方面：一是注意，即观察孩子们的学习情况（故事和图片）。二是认知，即教师分析、评价和反思学习，如"我觉得我在这种情况下所学的东西是怎样的？""我对马可的看法是怎样的？"三是反应，即教师为支持孩子的进一步学习而制订了一些方案，如"我们还可以为孩子提供哪些支持来促进和扩展他们的学习？"同时，一个"学习故事"也能传达父母和孩子们的心声。"学习故事"不仅让教师的注意力集中到每个孩子的身上，还能把"魔法时刻"、孩子能做的事、感兴趣的事都记录下来，指导教师们探讨孩子的学习，思考教与学的关系，为孩子的学习提供帮助；孩子们也可以通过阅读和回顾这些充满神奇色彩的学习时光来进行评估，并与家人共享资讯和体验，这是建立知识的一个重要环节。

*Te Wh a riki*是"学习故事"的一部分。*Te Wh a riki*是一个包容、合作、研究、学习的历程。起初，新西兰的学前教育教师还对新西兰的多元社会是否应建立一个全国性的儿童教育体系提出了许多疑问。然而，研究小组接纳了不同的意见，并与不同的教育机构共同努力，从底层开始开发课程，使*Te Wh a riki*在新西兰的每个学前教育教师眼中都是"自己的课程"。这也就意味着，"学习故事"的写作与

包容、合作、研究与学习息息相关，"学习故事"是一个聆听孩子和每个人心声的过程，是孩子、教师、家长合作的过程，是一个开展对儿童的研究、对教学的研究的过程，更是一个关注、支持和分享儿童学习的过程。"学习故事"使教师、父母、每个孩子都处在学习中。*Te Wh a riki* 及"学习故事"让新西兰的学前教育教师从文化发展的角度来理解儿童、理解学习、理解发展，让他们明白，改变是在参与中进行的，学习和发展是在文化实践中进行的。这种观念的转变也导致了现实的改变。比如，把日常的教学活动从预先设定的教学计划转换为对孩子的学习兴趣和需求来进行，持续地"关注、确认、反应"。新西兰的儿童早期教育组织也因从观念到实际行动的变化而变得更加强大。这些富有激情和能量的教师把关系（师生关系、环境关系、家庭关系等）放在了他们的教学工作的核心；随时准备进行革新，迎接挑战；时刻对自身的实践与观念进行反思，并在实践与观念上持续发展；把孩子看作独一无二的、有能力的人，把他们当作大人来尊敬。[1]在这一切变化中，最大的变化就是新西兰的学前教育教师与 *Te Wh a riki* 一起共同成长。

三、新西兰学前教育课程设置对我国的启示

首先，新西兰学前教育重视儿童自主性学习，尊重儿童独立思考的能力，把教学活动设计为自发式研究，培养儿童的创新能力和独立性，把学习这件事的主导权交给儿童。在学习过程中，儿童的思维能力稳步增强，对世界的认识有自己的看法。

其次，重视学习环境的建设也是新西兰学前教育较突出的点，把室内教学环境布置成丰富多彩、吸引眼球的学习环境，让儿童自主探索周围的环境，引发思考。除此之外，更强调户外学习的重要性，把亲近大自然作为首要的接触世界的方法，鼓励儿童天马行空的想象，尊重他们的思考

[1] 赵顺彩 . 对新修订的新西兰学前教育课程纲要《编席子：学前课程》的研究 [J]. 兵团教育学院学报 , 2018, 28(05):79~84.

和想法。

最后，新西兰学前教育注重打造和谐的学习氛围，教会儿童社交礼仪的必要性和基础交流的方法，鼓励儿童和周围孩子友好交流，大胆社交，采取了一些可行的措施来营造儿童之间的友谊，增进儿童之间的联系，使儿童在学习中磨练交流技巧，培养社交思维，得到快乐。

总而言之，新西兰学前教育有自己独特的特色，对其他国家尤其是发展中国家的借鉴意义显而易见。要想提升我国学前教育水平，必须参考新西兰学前教育的理念和方法，以实现教育推陈出新，把我国的学前教育发展水平拉上新的台阶。

第三节　澳大利亚学前教育课程研究

一、澳大利亚学前教育课程改革

澳大利亚之所以没有将学前教育列入全民义务教育，并非政府不重视，而是澳大利亚教育界普遍相信，幼儿阶段是个性及各项基本能力发展的早期阶段，家长的鼓励与陪伴，会对儿童未来的成长产生很大的影响。[1]所以，比起送去幼儿园，有些父母宁愿在家中亲自抚养子女。选择上幼儿园的孩子去幼儿园的时间弹性也很大，澳大利亚的早期教育，尽管并非强制性，但它的教育与社会福利政策的联系最为紧密。政府会对家庭的经济状况进行相应的补贴。此外，所有的托儿所的计算机支付系统都与政府的社保局有直接的联系，并可以随时了解到每名儿童的学费。这确实体现了澳大利亚"以人为本"和"平等"的教育理念，让所有儿童都能享受到教育带来的保障。

---

[1] 欧吉祥.《2018 年澳大利亚儿童早期发展普查国家报告》评述 [J]. 世界教育信息，2020，33(7):61—67.

澳大利亚的学前教育机构种类繁多，包括公立学前教育机构、非政府学前教育机构、私立学前教育机构。就种类而言，主要是为0~5岁的儿童提供保育服务的托儿所，或者以3~5岁的儿童为学前教育主要服务对象的幼儿园，以及为边远地区和有特别需求的儿童设立的托儿所。其中，提供服务的托儿所以0~5岁幼儿的全日托为主，是在社区或工作场所开展的。家庭托儿所在自己的家里，有专门的保姆为幼儿提供学前教育及保育服务。主流幼儿园通常在学校、托儿中心或社区集合地，可以独立运作，也可以在托儿中心内部与其整合起来运营；非主流的幼儿园大多建立在边远的郊区和原住民社区，为没有接受正规教育和看护的学龄前儿童提供学习和照料，大多数的运作经费由澳大利亚联邦政府直接资助。无论何种性质、何种形式的学前教育，都将获得国家的各种直接资助或间接资助，从而使各类学前教育机构得以发展，以适应不同家庭的需要，为学前教育的普及与公平创造条件。当然，不同的幼儿园的品质也会让父母感到担忧，因此，联邦政府必须建立一个国家的幼儿园质量评估体系，以确保父母对幼儿园的高品质要求。澳大利亚幼儿园的质量评估体系由校园环境、师资力量、教育质量三部分组成。在评估体系的不断督促下，澳大利亚幼儿园的学前教育课程越来越规范。

评估体系建立后，澳大利亚开始有了一个全国性的、统一的学前教育课程。几乎每一个国家和地区都制定了关于其管辖范围的学前教育大纲和指南，但是，由于澳大利亚各州和地区对其管辖范围内的学前教育工作管理不尽相同，因此，在不同的地区，其教学内容和教学安排存在巨大的差别。例如，在适合的年龄范围内，塔斯马尼亚州和新南威尔士州针对0~5岁的孩子制定了学前教育大纲，南澳大利亚州为0~12岁的孩子制定了学前教育大纲，西澳大利亚州、北领地、首都领地和昆士兰州为3~5岁的孩子制定了教学大纲。在全国范围内，只有南澳大利亚州的课程标准和问责制大纲是全面和严格执行的。这些差别使澳大利亚的孩子所能享受到的学前教育的品质是不均衡的，这对实现学前教育的公平性是不利的。

　　澳大利亚政府于2007年12月决定由澳大利亚联邦政府与各州及地区政府一道执行国家学前教育计划。澳大利亚政府相信，每个孩子都能有一个良好的生活开始，他们将为自己和国家创造一个更加美好的未来。《墨尔本宣言》由教育、就业、培训和青年事务大臣理事会于2008年11月5日签署，其中的一个主要目标是"让澳大利亚的青少年都能成为一个成功的学习者，自信的、富有创造性的人和积极的、聪明的公民"。澳大利亚政府在2009年7月2日签署了澳大利亚首个全国范围内的儿童早期发展策略，该策略提出一个共同的目标：在2020年前，全国的孩子都能拥有最美好的生活，为自己和祖国创造美好的未来。该策略着眼于0~8岁的儿童发展，并在各级政府的引导和鼓励下、非政府机构和家庭的合力协作下，推动儿童发展。联邦和各州及地区教育部部长于2009年7月2日通过教育、就业和劳工关系部门发布了《归属、存在和形成：澳大利亚早期学习大纲》（以下简称《早期学纲》）。这是澳大利亚历史上首部全国性的《早期学纲》，该学纲适用于0~5岁幼儿的教育，全国各州和地区的日托、全日托和学前教育机构都应以此为基础，目的是保证全国各地的儿童都能在各种幼儿园接受优质的学前教育。《早期学纲》的制定是澳大利亚学前教育历史上的一项重大事件，也是澳大利亚国家学前教育计划中的一项内容。

　　澳大利亚是一个具有多元文化的国家，不同的社区和群体在如何提高孩子的学习能力上有各自的观点。《早期学纲》采用许多学前教育的理论与方法，以适应不同人群的需要。它非常重视和鼓励当地发展有特色的课程计划，其目标并非在全国范围内提供一种统一的教学方式，而是要引导幼儿园教师规划、制定和实施高质量、有地方特色的课程，以便评估幼儿园的教育和保育质量，以及为当地各个社区和幼儿园开设更多的专门课程。各州和地区可将其替换或增补本地区现有的教学大纲，视本地区的实际情况而定。《早期学纲》的核心是学习，它特别强调游戏本位的学习，也重视沟通、语言（包括早期读写和算术）、社会和情绪发展的重要性，要求学前教育教师和家长共同合作，从而最大限度地激发儿童的潜能，促进他们各方面的健康发展。澳大利亚幼儿园的教学可以说是真正意义上的"寓教于乐""玩中学"，让孩子们尽可能地接近真实的生活。在澳大利亚，学前教育的另外一个特点就是有许多动物园和动物展览公司，它们为孩子们提供各种不同的动物展览，并安排多种形式的教学活动，让孩子们了解澳大利亚的动物和环境。澳大利亚的动物展览和养殖行业发展得很好，涉及环境保护、教育和媒体演出，最受孩子们喜爱的是动物表演和野外探险。动物工业之所以能够取得这样的成功，是因为澳大利亚的教育非常注重环保和动物保护。所以，经常能见到一些野生动物展览公司把动物送到幼儿园里，让小朋友们了解，动物专家也会鼓励小朋友接触这些动物。幼儿园里的小动物表演是为了让小朋友们能够在现场看到、接触到动物。澳大利亚的早期教育，通常不用教科书，从幼儿园起，通过学习生活的经历，结合各种课程来推广不用教科书的习惯。

《早期学纲》包括三个相互联系的元素：原则、实践和学习目标。幼儿园教师在规划、决策、实施课程时应遵守以下五个基本原则：①建立安全、尊重、互惠的关系。学前教育教师应了解孩子们的思想和情绪，尊重孩子并给予其足够的信任，持续不断地给孩子们精神上的支持。②与孩子的家人进行协作。学前教育教师与父母应该互相尊重，尊重彼此的见解；重视彼此在孩子生命中的贡献与角色，相互信任、相互沟通、相互合作；分享每一个儿童的观点；参与决策。③期待值高，维护公平的秩序。学前教育教师应对孩子有很高的期望，认为每个孩子都有能力取得成功；通过与儿童、家庭、社区、其他学前机构及政府部门的协作，寻求公平、有效的方式，以保证儿童顺利完成学业。④对多样性的尊重。学前教育教师应尊重家庭的历史、文化、语言、风俗、养育方式、生活方式等；尊重每一个孩子的天赋和能力。⑤持续地学习和反省。学前教育教师应不断探索发展自己的专长与学习方式，并不断地反省自身的教育与教学行为，以达到更好地促进幼儿的学习与发展的目的。

学前教育教师应从以下四个方面加强幼儿的学习：①采取系统化的教学方式。学前教育教师应将幼儿的学习视为一个有机的整体，关注其在认识上的发展，也关注其身体、个性、社会性、情绪等多方面的发展；将儿童的学习视为一种社会行为，重视儿童与家庭、社区之间的联系和互惠合作关系在儿童学习中的作用；强调教育与自然的关系，使儿童了解人类、植物、动物、土地之间相互依存的联系，以及培养他们对自然的尊重。②对儿童的诉求及时作出反应。学前教育教师应认可、鼓励孩子的长处和才能，保证他们能主动参加学习；对孩子的思想和兴趣作出反应，评估、预测和扩展他们的学习，包括开放的提问，提供反馈。③学习游戏。学前教育教师应鼓励所有孩子都参与游戏，在这个游戏里，创造一个鼓励孩子探索、解决问题、创造的学习氛围。④教学方案。学前教育教师应通过展示、演示、开放性问题、推理、解释、合作思考、问题解决等方式，拓展孩子的思维。

评价内容主要包括以下几点：一是根据自愿原则，各类幼儿园登记后，纳入幼儿园的质量保证制度；二是成功登记的学前教育机构将由全体教师、幼儿和家庭全体成员共同参与，形成自我评估报告并及时提交给评估单位；三是接受过正规训练、具备法定资质的全国评审员对提供自我评价的学前教育机构进行实地考察；四是评价人员根据《国家质量标准》编制一份报告，提交给监管部门审核后给出建议，便于后期的资助、核准和评定等工作的开展。

澳大利亚十分重视儿童和他们的家人在评价幼儿园方面所扮演的重要角色。而且，在与幼儿园的工作人员进行沟通的时候，教师也不会一成不变地按照国家标准来进行评价，如果教师的教学方法不同于国家标准，但对孩子的成长起到了一定的促进作用，那么教师就会得到肯定，因为澳大利亚文化具有多元化特征，教师会根据澳大利亚的不同文化特征，创造性地应用不同的儿童发展和教育理念。另外，有关部门还会将评估结果公布在指定的网站上，方便家长们选择合适的幼儿园。对尚未达标或合格的幼儿园，监管部门将持续关注，为改善幼儿园的办学品质提供更多的支持，以实现优质幼儿园的建设。由此可见，澳大利亚学前教育评估制度的参与者广泛、严谨而灵活，多样化与开放性并存，重视学前教育的可持续发展，其目的就是要让每一个家庭都能享受到优质的教育服务。

孩子们在儿童和家庭学习中心进行各种各样的游戏和其他活动。例如，在社区的儿童与家庭学习中心，孩子们每天都可以单独或者与同伴、保育人员一起玩耍。在居家开放期间，家人可以与子女或其他人一起野餐、聊天，并与保教人员及其他父母就子女的生活及教育事宜进行讨论，这极大地促进了家庭与幼儿园之间的沟通与配合。除此之外，社区服务中心占地面积大，资源充足，室内环境优美，设备齐全，滑梯、秋千、独木、感统训练设备等方便孩子们进行各种游戏和自然探险。澳大利亚开办了许多社区幼儿园，目的是为父母提供科学的教育和辅导，而这些都是由国家主办的。此外，父母也可以自发组成团体，定期与其他父母沟通，如建立"妈妈群"。

澳大利亚保育机构、家庭和社区的资源整合，为儿童的成长创造了有利的环境。澳大利亚的学前教育具有多元化、开放的特征，这与其多元化的文化背景有着密切的联系。幼儿园的办学体制、质量评价体系、课程结构、教学资源、教学计划等，为幼儿提供普惠、公平、及时、有效的保育服务是在学前教育改革中需要解决的问题和优化的方面。[1]所以，我们应该从一定意义上对澳大利亚幼儿园的改革成果进行思考，合理引进，逐步推广。

二、澳大利亚学前教育课程构成

在澳大利亚的新课标中，有八大关键的教学内容，并将其列为了幼儿园的主课。这些课程分别为艺术、英语、健康和体育、外语、数学、科学、社会和环境常识、技术。在新的教学理念、教学目标、教学内容、教学结构、教学设计上都有了新的特色。

---

[1] 乐欣瑜.澳大利亚推进学前教育普及 [J].世界教育信息，2020，33(7):77-78.

第一，以儿童为本的课程思想。澳大利亚的教育思想强调孩子们对自己生命的掌控和对世界独立探索的义务。这一思想在幼儿园的日常教学中体现为将孩子视为年幼的学习者，并充分了解每个孩子的综合发展。为了找出合适的课程，澳大利亚的教师会把孩子和教师的谈话内容告诉家长，让家长根据孩子的性格来提出意见。通过营造特定的生活环境，引导幼儿主动发现、探究、尝试解决问题，培养幼儿自我管理和与他人协作的能力，从而使幼儿承担学习责任。比如，《早期学纲》中明确指出，"每个孩子的成长都要有合适的课程"。"因材施教"是针对不同儿童的不同兴趣、特长和发展需要而制定的，包括特殊教育、补救教育、特殊人才教育、高智力和高潜力教育。澳大利亚新一轮的"尊重差异、尊重多元"的新课程充分反映了"以孩子为本"的课程思想。教师在教学过程中，通过教学活动培养孩子们的自尊心、民族自豪感，培养各民族的孩子对自己的文化认同，使课程真正围绕"以每个孩子为中心"而展开。

第二，以综合发展为核心的课程目标。澳大利亚有八大主要课程，目的是通过该综合均衡的课程，提升孩子的智力、身体、道德、精神和美感。教师为幼儿提供辅助性、培养性的教学情境，培养幼儿基本的学习技巧，并引导幼儿树立正确的自我价值与乐观态度。比如，孩子们可以通过学习英语来提高他们的英语水平，通过学习数学来获得计算技能；通过技术与科学专业的课程，使幼儿掌握基本的生存与发展技巧；通过音乐、舞蹈、戏剧、表演等艺术领域的课程，培养和发展幼儿的想象力及感知美、欣赏美、表达美的能力；社会和环境领域，包括历史、地理、经济、社会、卫生与运动等课程，幼儿的自我认识和人际关系能力会再一次得到提升。

第三，注重基础性、实践性。澳大利亚幼儿园新的教学重点是培养孩子们的基础知识，包括识字、识数、掌握信息通信技术、处理日常问题、与人交流等。梅耶曾是澳大利亚教育改革委员会的负责人，在20世纪90年代后期，他就提出了澳大利亚人应该具有的六项主要能力：收集、分析和组织资讯；能够交换意见和资讯；具备设计及组织工作的能力；具备与他人合作及团队精神；能够运用数学思维和方法解决问题；运用科学技术的能力。他认为，儿童的主要能力并不在于特定的知识或技能，而在于儿童日常学习、生活、成长等方面的基本技能。比如，在维多利亚州，幼儿园的课程把"孩子们公开表达和讲话"与"掌握基础的信息技术"作为基本技能。教学内容注重实践性。澳大利亚基础教育的根本目的是为21世纪培养实用人才。幼儿园注重实践技能的教育，注重与社会实践相结合的教育，注重营造"教学情境"，丰富幼儿的生命体验，培养其动手能力、创造力和适应社会的能力。幼儿园开设了许多与现实相结合的教学内容，如美术类的手工艺课、社会环境类的劳动课。

第四，注重整体、灵活的课程体系。澳大利亚的学前教育教师可以将不同的教学内容，从一个统一的或者一个整体的角度来传达。例如，教师在英语和数学课程中进行阅读、写作、运算等方面的训练，培养孩子们的思维能力。澳大利亚幼儿园强化综合课程的一个典型例子是将相邻的学科结合起来，将若干科目的内容结合起来。学前教育教师可以在必要的时候，把科学和数学结合起来，或者把艺术和技术结合起来。有些教师还设计了一系列与时代发展相适应的综合性专题教学，既能有效地解决教学中的交叉重叠问题，又能有效地提高教学效果。同时，教师也可以将社会与环境常识划分为独立的历史、地理、经济和社会学科。

第五，课程设置的特点是生动性和连续性。澳大利亚的早期教育并没有完全按照事先的规划来安排教学，它只是根据孩子的兴趣和需求来制定或延伸一个特定的教学课题。澳大利亚的自然生成学是一个典型的课程设计。伊丽莎白·琼斯提出，"自然产生"课程并非教师预先制定的规划，而是在对孩子的认识中逐步形成的。比如，墨尔本大学附属幼儿园的课程都是基于"自然生成"的教学模式来进行的：教师会鼓励孩子们表达自己的观点，或是教师通过孩子们的谈话和问题来寻找他们感兴趣的东西，并根据他们的观点和兴趣来开设一门课程。在课程即将结束的时候，如果孩子们还没有完成作业，或者他们还没有玩够，那么教师就会继续这个话题。教师相信，孩子的学习是一个积极的、持续的、需要保护和支持的过程。

根据澳大利亚全国课程委员会于2009年5月发布的《全国课程大纲》《第一期课程大纲》《一号课程大纲》等，澳大利亚的《幼儿园课程大纲》显示出如下发展趋势：①减少教学内容，提高孩子们的学习能力。澳大利亚幼儿园目前的教学大纲太多，孩子们只能学一些浅显的东西，难以深刻了解知识，对技能的掌握也不够熟练，容易造成对基础技能的忽略。所以，要在提高学习难度的同时，减少现有的教学内容。②新的课程框架从知识、理解力、技巧三个方面进行了详细描述，并提出了每个托儿所应开设的核心课程。比如，在课程大纲中，英语、数学、科学等仍然是幼儿园的基础课，但是其侧重点却与以前大不相同。其中，英语教学更注重文法；数学、科学的教学内容难度显著下降。③加强对核心概念的把握，重点是让孩子有更好的学习机会。澳大利亚的托儿所重视的是对阅读、写作、数学等基础知识和基本技能的培养。阅读和写作能力应被重点放在各个科目上，而不仅仅是英语科目中的识字能力的培养，而且随着课程内容的增加，这种能力应该得到持续提高。

第一，根据2009年颁布的英语教材课标要求，幼儿要学会一些简单的单词，如"cat"的读音、首字母、中间字母和最后字母的读音。在此基础上，要学会"st""br""gl"等连续的辅音。同时，还提出了将语法知识和优秀的文学作品纳入幼儿段班级，并强调"字母拼读"，即字母拼写的重要性，并在一年级就给孩子们讲字母的发音。

第二，强化课程的一体化，突出跨学科的研究。课程整合是当今国际基础教育课程改革的一个普遍趋势。澳大利亚新一轮的幼儿园课程标准强调学科间的有机结合，强调以跨学科的方式进行教学，并要求教师能够熟练地运用不同的学科知识。[1]例如，通过阅读优美的文章，儿童可以得到阅读理解、词句解析和造句的综合训练，从而提高阅读的技能，以及获

[1] 许倩倩.澳大利亚学前教育市场化改革：背景、历程与镜鉴[J].学前教育研究，2020(4):3-10.

得基本的语言表达能力。新课程的一个亮点就是设置了十个跨领域的综合能力标准，以及三个跨学科的主题。十项能力：口语、读写、计算、信息交流、思维、道德行为、创造力、自我管理、团队合作、跨文化交际能力。新课程的要求：知识、技能、理解力应被应用于各个专业；十项基本技能应贯穿于各个领域；各学科所培养的能力并非一成不变，而相同的能力各学科间也是相互联系的。新课程不是独立设置综合性的实践性教学，而是以三个交叉学科的主题为指导，注重跨学科的综合。三个跨学科的主题分别为土著文化、亚洲文化和可持续发展。其中，可持续发展是当前国际上关注的一个重要课题，了解相关的科学知识，对实现可持续发展战略具有重要意义。

第三，注重文化的多样性，注重差别和平等。澳大利亚幼儿园课程的一个重要组成部分就是"以尊重和信任民主为基础，在不同文化背景下，在多元文化相互依存的世界中，认同文化多样性"。与各州的教学方式不同，新课程特别强调地理，并且将亚洲及澳大利亚土著的历史和文化纳入每一门课程中。新成立的三个跨学科主题突出强调原住民的历史与文化、亚洲与澳大利亚的关系。这些内容包括：托雷斯海峡岛民和土著居民的文化、对澳大利亚多元文化的尊重；与不同文化背景的孩子们融洽相处，特别注重与亚太地区不同文化背景的人的交往；识别不同语言。新的教学大纲规定，孩子们要"学会使用自己的母语，学会说多种语言，学会土著人和托雷斯海峡岛民的口技和传统"。新课程的重点是"原住民的历史与文化"，旨在让儿童了解澳大利亚土著和托雷斯海峡岛民，了解并尊重他们的生活和文化，尊重他们的生活方式。历史教材中所提及的历史课程不但包括土著居民和托雷斯海峡岛民的文化精神、历史与土著居民为当今澳大利亚所做的贡献，同时也让孩子们认识到"澳大利亚的土著和托雷斯海峡岛民起着举足轻重的作用"。随着澳大利亚和亚洲的联系越来越紧密，新课程也特别强调了孩子们需要了解"澳大利亚和亚洲之间的联系"。英语课文指出，孩子们可以通过阅读了解亚洲的人、环境和文化，通过与亚洲的文化进行比较，增强他们之间的沟通能力。历史教材指出，孩子们要了解亚洲的历史，必须先了解亚洲和澳大利亚的关系，可以帮助他们从亚洲角度来看澳大利亚的发展。

第四，规范教学大纲，保障孩子们的学习权益。巴里·麦克高教授是全国课程委员会的会长，他认为，新的课程体系将会提高教学质量，保证儿童接受教育的权利。"应该把重点放在孩子身上。我们要给予最底层的孩子更多的支持，而处于最底层的孩子，老师应该帮助他们得到更好的发展。"

澳大利亚的统一课程标准为每个学年的孩子提供了必修的课程，并制定了相应的评分标准。《早期学纲》给了幼儿园足够的教学自由，但是《早期学纲》不能作为一门课程的"指南"，也不能作为各州及各区域现有课程的补充。这是一个高品质的教学平台，一门综合性的全新课程。《早期学纲》作为澳大利亚颁布的第一个幼儿学习课程框架，被视为国家质量议程的第一要素。从《早期学纲》的颁布背景来看，它为澳大利亚的学前教育课程标准的统一做出了一定的贡献。

三、澳大利亚学前教育课程设置对我国的启示

澳大利亚是一个学前教育历史悠久的国家。在澳大利亚，儿童教育是免费普及的，并且实行零岁教育，这使澳大利亚的儿童在早期教育中就能获得良好的发展。全面发展是澳大利亚学前教育的首要特点。无论是儿童的认识能力，还是运动能力、探索能力，以及情感和社交的发展都是衡量一个健康儿童的发展指标。这一点和我国现行的素质教育吻合，可以用作参考。

澳大利亚学前教育特别注重培养儿童的自主性和创造力。在澳大利亚学前教育的课堂上，儿童会有很多的自由时间与空间进行探索，教师的主要作用只是引导，引导儿童去发现问题、解决问题，并且鼓励儿童用自己的方式得出结论，这样可以让他们的独立性和自信心都得到大大的激发。

另外，家园共育也是澳大利亚学前教育的特点之一。在澳大利亚学

前教育的学校非常注重与家长的沟通和合作。举办家长讲座，可以让父母更加了解儿童的发展需求、成长的注意事项等，教师也能面对面和家长沟通交流，促进家长对学前教育的重视。组织社区活动也是家园共育的一方面，把区域内的家庭组织起来，开展一些亲子运动会等，在学前教育中提高家长的参与度，支持学前教育的发展。家园共育带来的好处是在家庭和学校之间产生密切联系，促进儿童的全面发展。这种方法可以给我国的学前教育提供参考。

综上所述，澳大利亚学前教育能为我国提供借鉴意义的地方很多，在我国学前教育的未来可以多方面学习澳大利亚的理念，比如继续开展全面发展的教育，打破传统教学模式，注重儿童的独立自主和创新能力，并且提高家长和社区的参与度，共同促进我国学前教育的进步。

第四节　英国学前教育课程研究

2008年，英国出台《早期基础阶段实施纲要》（*statutory framework for early years foundation stage*，以下简称《纲要》），规定了0~5岁儿童的学习、发展和照顾标准。随后，该文件经历了四次修订，2018年版《纲要》是英国现行的学前教育课程政策，对英国学前教育课程的顺利开展起着重要的指导作用。

一、英国学前教育课程的文化透视

课程与文化有着天然的联系，一方面文化造就了课程，文化作为课程的母体决定了课程的文化品性，并为课程设定了基本的逻辑规则和范畴；另一方面课程凝练、形成了文化，课程是文化发展的重要手段。基于这种关系，我们认为文化本身就是课程的逻辑起点。英国从1816年欧文创办第一所幼儿学校起，学前教育课程经历了渐进式的变革，但它始终没有摒弃自身的文化传统，并在坚守中形成了独特的课程文化。英国学前教育课程究竟坚守着何种文化，这种文化的本质是什么，以及这种文化品性在学前教育课程中如何呈现，有何价值？探讨英国学前教育课程的文化逻辑，可为我国更好地开发学前教育课程提供参考。

（一）英国学前教育课程的文化基石

课程源于文化传承并成为文化变迁的核心，想要认识和了解英国学前教育课程，就必须了解英国的文化特性。"英国民族文化传统经过长期的发展演变形成了自己独特的魅力，这个逐渐发展起来的文化传统包含宗教情感、人文主义、贵族精神、自由主义、尊崇传统、保守求稳、注重实证、科学精神等重要因素。文化传统是历史的获得和选择的观念，尤其是这些观念所承载的价值。学前教育课程是儿童世界的课程，这个课程应给予儿童充分的自由，让儿童体会生活的美好，并促进儿童教化与启蒙。从这个意义上说，英国自由、人文与科学文化传统与学前教育课程的联系更为直接和紧密。

英国幼儿园诞生于19世纪自由主义理论盛行的黄金时代，各具特色的自由理念为幼儿园课程的开发奠定了文化基石。自然状态是人类自然所处的状态，基于"自然状态"的自由是指个人根据自身理性与判断采用合适的手段，做任何不损害他人事情的自由。17世纪英国哲学家霍布斯将规于自然状态的原则称为"自然法"，即源自人的本性并可以被理性认识的法。他不仅提倡按照世界的真实面貌看待自然界，更提倡按照人的真实面目、天生面貌看待人，即把"真实"的人作为出发点。他认为不认识人和人的本性，便不能了解国家的形成，也不能了解国家生活的因素。国家需要把真实的、自然的人作为出发点，教育更应如此。虽然霍布斯对教育缺乏足够的认识，但他强调以"自然状态"的自由为基础的个人本位思想，成为英国乃至人类思想史上的宝贵财富。洛克成为继霍布斯之后提倡"自然自由"的伟大哲学家，他的自由理念也建立在"自然状态"的逻辑起点上。与霍布斯不同的是，洛克所描述的自然状态是一种"完备无缺"的自由状态，即"不受人间任何上级权利的约束，不处在任何人的意志或立法权之下，只以自然法为准绳"。但在现实生活中的人通常受到金钱、贪欲和虚荣等的奴役，个体人格受到极大伤害，不能达成"自然自由"的状态。洛克认为，只有通过个体人格自身的生存与超越才能实现自然自由，人的魅力也在于人的个体人格。"人的个体人格不受社会遗传性和生物遗传性的决定，它是人的自由，是人克服世界必然性的一种可能性。"个体人格的实现是人的自我释放，是积极主动的自我创造过程。这一观点成为洛克自由主义思想的重要命题，也为英国自由文化传统描绘了浓墨重彩的一笔。此后，19世纪，著名生物学家赫胥黎强调自由教育就是在自然规律方面的智力训练；20世纪，著名教育家尼尔认为自由是每个人生而具有的权利，儿童的职责就是过自己的生活。自由作为人类的永恒追求，逐步从社会生活、政治、经济等领域扩充到教育领域。

自17世纪开始，包含多个领域的自由，如宗教信仰自由、政治自由、经济自由等，奠定了英国自由文化的基调，但就学前教育课程而言，基于"自然状态"的自由文化影响最直接和深入。自然自由的鲜明特征强调人的原初自然性、内在发展性及发展的自由性。从欧文创办幼儿学校至今天的幼儿学校课程实施中，英国学前教育课程的开发始终遵循"自然自由"的文化传统，强调课程以儿童的"自然状态"为起点，以现代生物学和心理学作为课程开发的依据，强调儿童的个性自由等。[1]

（二）基于"关爱"的人文理想

宗教改革后，人文主义理念对英国学前教育思想和实践的影响更为深刻，不再强调教育的宗教价值，而着力为培养身心和谐发展的绅士奠定基础。人文主义理念在发展及演进过程中呈现出鲜明的时代特征，但始终彰显对人的关爱精神。最早对人文主义教育理想进行构思的是莫尔，他在《乌托邦》中描绘的主要文化之一是伦理文化，其表现形式是幸福，认为

---

[1] 马宋乐.英国学前教育质量保障体系研究[D].上海：上海师范大学,2023.

正当高尚的快乐构成幸福。正当高尚的快乐应符合哲学的理性和宗教的原则，应遵循自然的指示。按照自然的指示，人们应过舒适的生活，人与人之间应互相帮助以达到更愉快生活的目的。为了构建伦理文化，莫尔认为乌托邦的公民既要从事体力劳动以维持身体健康，又要用充裕的时间追求精神自由、提高修养，以此实现精神的快乐。莫尔在《乌托邦》中建构的人文主义教育理想是一种纯粹的幻想，但他把教育问题与社会问题、家庭问题等相联系，并提出了普及教育、道德教育、健康教育、美育及劳教结合等教育理念，特别是在伦理文化中渗透对个体幸福的关切，显现出惊人的进步精神，对后世人文主义者产生了重要影响。此后，埃利奥特、弥尔顿、洛克等人文主义者也从不同程度上呼吁对人性的重视，特别是洛克的《教育漫话》更详尽地阐述了对人性的认识，进一步丰富了人文主义文化。19世纪中叶，人文主义文化开始受到以斯宾塞、赫胥黎等人为代表的科学文化冲击。他们认为"华而不实"的人文主义文化并不能真正满足人的需要、实现人的发展，对自然的正确认识才能使人的心灵更加接近德性。随后以约翰·密尔和怀特海等为代表的教育家开始提倡人文与科学的融合，至此人文主义文化又增添了对人的智力的关注。受19世纪末20世纪初欧美教育改革运动的影响，英国人文主义文化更加关注人的理性精神和发展能力，人文主义教育也表现出更多的实践性。

在英国人文主义文化的漫长发展过程中，无论是15世纪洋溢着浓郁宗教气息的基督教人文主义、16至19世纪中期的古典人文主义、19世纪中后期的新人文主义，还是20世纪以来的科学人文主义，人文主义文化的根基始终是对人的关怀与理解。欧洲人文主义历史学家奥古斯丁·勒诺代认为，人文主义奠定了个人和集体道德的基础，建立了法律，创建了经济，引发了一种政治制度，培育了艺术和文学。人文主义作为一种建立在人类高贵品性上的伦理，势必深刻影响作为正式教育开端的儿童教育。

（三）英国学前教育课程的文化彰显

课程是一种具体的文化，继承的是文化的根本性存在形态、关怀依据和基本旨趣。学前教育课程作为课程文化的启蒙，不仅要在课程形态、实施过程及目标追求等方面践行文化，更重要的是引导儿童焕发追求真善美生活的生命气象。正如雅斯贝尔斯指出的，教育是通过文化传递功能将文化遗产教给年青一代，使他们自由成长，并启迪其自由天性。因此，教育的原则是通过现存世界的全部文化导向人的灵魂觉醒之本源和根基，而不是导向由原初派生出来的东西和平庸的知识。

1.课程形态：彰显"自由理念"

英国公共学前教育的开创者欧文认为，儿童应该在适合他们年龄的环境下生活，让儿童拥有充分的室外体验，获得符合其智力水平的知识，并萌发仁慈、友爱和信任意识。欧文的幼儿园不仅开设智育，还开设体育、军训、音乐、舞蹈和德育等课程。智育主要采用实物教学或直观教学方法，体育主要是在游戏场和宽阔的户外活动，军训则教授儿童作战技术和武器使用，音乐和舞蹈用以培育儿童的审美意识，德育则主要通过教师与儿童玩耍时进行引导。由于认识到社会环境决定儿童性格，欧文把免于外界影响又能传递与人为善思想的"游戏场"作为儿童课程实施的主要场地，活动课程因此成为幼儿课程的中心。1820年，怀尔德斯平夫妇对欧文的学前教育思想进行了批判性继承，他们更多地强调知识传授，但也继承了"游戏场"思想，并通过"教学架""教学柱"等教具将教学与娱乐相结合。19世纪下半期，随着德国福禄培尔学前教育思想传入英国，以"游戏和活动"为主导的课程形态更加盛行。时至今日，英国0~5岁学前教育课程仍具有很大的自主权和灵活性，课程形态仍以有目的、自由和有组织的游戏为基础。有的学者指出："一个组织得很好的保育学校或保育班，应该有一个主要以游戏为基础的课程方案。这些方案必须是经过精心设计的，以使所有的儿童在各个方面的发展都受到刺激。"通过对英国学前教育课程形态的历史分析，可以看出以"游戏和活动"为主的课程形态是英国自由文化传统在学前教育课程中的直接表现。游戏和活动是使儿童最接近自然状态的课程形式，儿童在游戏和活动中自然地认识、参与、分享生活世界,自然、自发地拓展生命场域。"教育的过程是让受教育者在实践中自我练习、自我学习和成长,而实践的特性是自由游戏和不断尝试。"以游戏和活动为基础的课程形态,不仅很好地践行着自然自由的文化传统,还作为儿童积极融入他人和世界的形式,彰显着儿童个体的生命自由和儿童心灵的世界自由,这是自由文化与心灵完善的相互成全,也是课程文化的理想境界。

2.课程实施:充满"人文关怀"

英国学前教育课程实施中的人文关怀,不仅体现于富有爱心的课程实施者,还体现于课程实施过程中教师对儿童灵魂的引领与提升。就前者而言,自欧文创办幼儿园之时就非常重视学前教育教师的聘请,在新拉纳克幼儿学校,他聘请富有爱心的青年男女工人作为教师,并把热爱儿童作为对教师的基本要求。他明确规定教师绝不可以责骂任何儿童,也不允许在言语和行动上进行任何威胁,或者使用辱骂性语句;相反,教师同儿童谈话时应和颜悦色。怀尔德斯平夫妇出身贫寒,从青年时代起就关心学前教育,他们创办的幼儿学校要求教师具有"受人欢迎的风采""生机勃勃的气质",以及温顺、冷静、坚忍的性格,还要具备关于人性的知识。19世纪下半期福禄培尔幼儿园的引入催生了学前教育教师资格制度,要求学前教育教师不仅要具有热爱儿童的品质,还要具有认识儿童、理解儿童的能力。20世纪是儿童中心主义教育思潮兴起的世纪,幼儿课程的实施更加强调教师对儿童的关怀和理解。目前,英国政府已经建立了较为完整的学前教育教师体系,这是对学前教育的重视,更是对幼儿本身的人文关怀。就后者而言,充满"人文关怀"的课程实施体现于对儿童灵魂、精神与生命意义的关注和引导。幼儿园课程或开展于宽阔的游戏场或以游戏为基础,能够让儿童充分地展现自我,在开阔、轻松的环境中体验关怀,学会关怀;或将德育课程置于师生共同的游戏之中;或在幼儿园开设木工区、玩水区、家庭区等活动区域,以及通过有目的地带领儿童参观博物馆、商场、农场等方式实施课程。[1]这些活动都是通过亲身体验培养

[1] 邹莹.英国学前教育理论"专业的爱"视阈下的幼儿教师职业情感认同 [J].济南职业学院学报,2021(5):80-82.

儿童辨别力、鉴赏力的过程，也是儿童自主性、自为性及主体性的生成过程。目前，英国拥有专门为2~5岁儿童开设的全户外幼儿园，儿童可以在幼儿园从事园艺活动，也可以在附近的农场养鸡、养羊。通过户外活动，引导儿童观察诸如树叶、蘑菇、鸟儿翅膀等具体事物，从而让儿童学习颜色、形状等知识。有的学者指出："以活动为基础的课程实施方式能够引导儿童成为一个好公民。"这样的课程实施过程不是简单的知识传授，而是引导儿童进入课程所呈现的世界，实现知识和道德提升的过程。由此可见，英国学前教育课程实施始终充盈着浓厚的人文关怀。

二、英国现行学前教育课程设置的内容

2018年版的《纲要》规定了所有早期教育者必须达到的标准，以确保儿童学习和发展良好，并保持健康和安全。在课程内容设置方面，《纲要》将课程划分为七大领域。

（一）沟通和语言发展领域课程

沟通和语言发展领域课程渗透在幼儿园课程的各个部分，在儿童的学习与生活中占据着十分重要的位置。该领域课程的主要内容包括倾听、注意、理解、口语方面的培养。在课程实施中，教师需创造多样化的课程学习环境，激发儿童对语言交流的兴趣，帮助儿童学会倾听和理解，同时树立自我表达的信心和掌握使用语言的技巧。教师要与儿童开展有价值的交流对话，做好语言示范，鼓励儿童认真倾听，做出适当回应，并引导他们准确地使用相应语法和词语，完整、有效地表达自己的想法。教师还要鼓励儿童之间相互沟通交谈，谈论自己的思想、感情、需求和经验，进一步提升儿童的倾听、表达及理解能力。例如，举办分享会、讲故事、集体朗诵、角色扮演等活动。该课程强调在游戏和活动及日常生活中多交流沟通，了解对方的想法和需求，有效地表达，从而形成自己的叙述风格，关注儿童倾听、表达和理解能力的发展，注重培养自信心、思想和情感的表达。

（二）身体发育领域课程

身体发育领域课程具体涵盖移动和操作、健康与自我保健两个方面。在课程实施中，教师要为儿童的身体发育提供良好的环境，不过分干预，使他们能热情、自信地行动。教师要经常与儿童谈论保持健康和安全的方法，帮助他们认识到体育锻炼和健康饮食的重要性。教师还应时刻关注儿童的心理健康，观察其行为，当发现儿童心理健康出现问题时，应及时与其沟通，邀请家长共同解决。例如，组织儿童参加集体游戏、竞赛活动，锻炼跑、跳、钻、爬等动作；以笔、黏土等美术工具作为材料，开展绘画、黏土制作等活动，培养儿童精细动作的协调和控制；鼓励儿童参与一些简单的日常生活活动，独自整理衣物、上厕所等，锻炼其独立自主能力。该领域课程强调在游戏与活动中促进儿童身心发展，增强儿童对身体健康重要性的认识，重视发展儿童的基本生存技能，重点培养儿童的热情、自信心、自尊心和独立性。

（三）个性、社会和情感发展领域课程

个性、社会和情感发展领域课程内容主要包括自信与自我意识、情绪与行为管理及建立关系三方面的发展。在课程实施上，教师以游戏、日常活动和小组活动等形式开展课程，鼓励儿童尝试新的活动，使他们能够自信地做事，耐心倾听他人的想法，积极发表自己的观点，学会尊重自己和他人，理解人与人之间的差异。教师引导儿童谈论如何表达自己的情绪、自己与他人的行为及后果等问题，教他们学会面对不同的情况调整自己的行为，让儿童明白自己是团体中的一员，帮助儿童理解并遵守规则。同时，幼儿园要与社区和家长联合，创设丰富的文化环境，帮助儿童理解独特的文化知识，激发儿童的学习兴趣，发展儿童社会性及情感。例如，通过角色扮演游戏让儿童了解当地文化；以情绪为主题分享故事，使儿童了解情绪的特点，并学会将情绪和情感充分地表达出来。该课程强调以游戏和活动的形式进行，关注幼儿园与社区、家庭共育，重点培养儿童的自信心、个性化发展和社会交往能力。

（四）读写能力领域课程

读写能力是儿童所获取的学习技能，能保证儿童未来学习和生活的顺利发展。其主要内容包括阅读和写作两个方面。在课程实施上，教师要先根据儿童的特点和需要，制订能促进儿童读写能力发展的课程活动计划，同时为儿童提供广泛的材料（图书、白板、其他材料）。教师要示范阅读和写作，应引导帮助儿童理解和掌握，并认识到读与写的重要性，激发儿童的读写兴趣。在阅读方面，教师应引导儿童将声音和字母联系起来阅读，利用语音知识规则理解单词，确保儿童准确地阅读，掌握朗读规则，会读常见的不规则单词，理解句子的含义。在书写方面，教师应开展角色扮演游戏，引导儿童通过语音知识和发音匹配的方式书写单词，尝试写出不规则常用词、简单的句子等供自己和他人阅读。例如，将句子中的单词和标点符号分别写在不同的卡片上，分发给儿童，让他们根据单词排列成完整的句子，并让儿童齐读；根据绘本《快乐的邮递员》设立邮局角色扮演区，儿童可以填写邮局表格，记录标牌和标签。该课程强调运用丰富多样的材料资源，在成人的引导下让儿童积极地读与写，重点发展儿童的阅读、书写和理解等学习能力。

（五）数学能力领域课程

数学能力在日常生活中随处可见，对儿童的学习与生活尤为重要。该领域主要内容涵盖数字和形状测量两个方面。在课程实施中，教师要先为儿童提供发展数学能力的环境和机会，培养儿童对数学的兴趣，让他们养成积极的学习态度，为日后的学习打下坚实的基础。数字部分，教师要设计儿童感兴趣的活动，将数字穿插其中，让他们学习计数、数字排序、加减，认识并运用数字。在形状测量上，师生会对自然界和生活中的物体开展游戏和讨论，注重数学语言的使用，深刻感知、认识和描述物体的形状特征。教师要鼓励儿童积极探索空间，发展空间意识，引导儿童在日常谈话与游戏活动中认识大小、距离、时间和金钱等内容，并将其运用于生活。例如，教师利用正数倒数、成对计数等编创押韵小诗和歌谣，帮助儿童掌握数学；在室内或室外设置隧道、拱门供儿童移动爬行，以探索不同层次的空间；设置日常事务和秩序的时间，与儿童一起回忆经历过的事情，预测未来发生的事件。该领域课程强调在自然环境和日常生活中学习数学知识，以游戏、活动和讨论的方式开展课程，重点培养儿童对数学概念的掌握与运用，发展儿童理解和推理、解决问题的能力。

（六）理解世界领域课程

理解世界领域课程主要从人与社区、世界和技术三方面开展。在课程实施上，幼儿园、家庭和社区要为儿童理解世界提供充分的材料和开放的环境，三方共同组织参与课程。在人与社区方面，让儿童参观社区公共场所，分享不同的文化与信仰，使儿童认识、理解世界，明白自己与他人、家庭、社区和传统之间的区别与联系。在世界方面，幼儿园与社区、家长联合，带领儿童开展有趣的户内外活动，共同谈论周围环境的特征、变化和差异，培养儿童主动感知、观察和探索的能力。在技术方面，在游戏和活动中让儿童观察和谈论生活中技术产品（如手机、电视）和信息交流技术（如信号灯、电子站牌）的相关内容，正确认识和使用技术产品。例如，带领儿童去美术馆、公园等社区公共场所参观，以绘画、讲故事、记录及讨论的形式初步认识世界；邀请社区工作人员或家长分享、介绍文化和家庭，包括饮食文化、服饰文化、家庭信仰等。该领域课程强调在自然和生活环境下学习并掌握知识、技能和经验，重点关注儿童兴趣潜能和探索学习能力的发展。

（七）表现艺术和设计领域课程

表现艺术和设计领域课程的主要内容包括探索和使用媒体材料、富有想象力两方面。在课程实施中，教师要先为儿童提供丰富多样的活动和媒体材料，激发儿童的好奇心，并鼓励儿童参与各种活动，探索、思考和掌握各种材料、工具和技术，促使儿童充分发挥想象力，借助活动和材料内容以独创的形式创作艺术作品，表达自己的想法和感受，培养创新性思维。同时，教师要注重和支持儿童的想法，多做鼓励性评价，使儿童在日后能继续独立创造作品，发展儿童的想象力和创造力。例如，开展唱歌、作曲、跳舞活动，鼓励儿童尝试改编歌谣和舞蹈；探索学习材料的颜色、设计、纹理、形式和功能，尝试自己验证；运用各种材料工具进行设计、制作和角色扮演，充分表达儿童的想法，体会创编和创作的乐趣。该领域课程强调在教师的引导下探索和使用材料工具，进行独立创作，重点培养儿童的好奇心、创造力和想象力，激发儿童的创作潜能，让儿童形成独特的思维和想法。

三、英国现行学前教育课程设置的特点

英国现行学前教育课程设置强调儿童在自然和生活中有效地学习，促进各个领域的发展，教师要采用灵活多样的形式开展活动，与多元主体合作，培养儿童的基本技能和个性潜能，为儿童未来的学习生活奠定基础。

（一）坚持自然自由的课程理念

学前课程理念是学前课程的核心，既体现了学前教育观念和教育思想，也呈现了本国的文化传统。受英国17世纪自由主义的影响，英国现行学前课程依旧保持着自然自由的文化传统，以游戏和活动的课程形式为主，强调课程在自然状态下的自由，注重儿童身心的自然与自由发展。游戏和活动是使儿童接近自然状态的课程形式，儿童在游戏和活动中自然地认识、参与、分享生活世界，自然、自发地拓展生命场域。在英国，教育者会在自然环境和生活环境中选择素材，创设课程，组织开展丰富多彩的游戏和活动。在课程进行中，教师作为课程的引导者，不干扰儿童，使儿童尽情地玩耍，让儿童近距离接触自然、世界，亲近他人，与他人自由交流，相互关心，释放自由天性，让儿童在课程中学习、成长，使儿童的个性与自由得到发展，自然地融入世界。例如，在沟通和语言发展领域课程实施中，教师会举办分享会、集体朗诵会，开展角色扮演游戏。在身体发育领域课程实施中，教师会组织儿童参加集体游戏、竞赛活动。可见，从课程内容的选择到实施，英国现行学前教育课程理念呈现出自然和自由的

特点，彰显了儿童的自由个性，将英国的传统文化与学前课程合二为一。

（二）设置基础实用的课程内容

幼儿园课程内容指向"教什么"的问题，课程内容主要根据课程目标和相应的学习经验，从蕴含在组织儿童各种活动中的基本态度、基础知识、基本技能和基本行为方式等方面进行选择。英国幼儿园课程内容设置根据早期基础阶段学习与发展的目标和经验，突出基础性，强调儿童基础知识和基本技能的获得，通过提供多样的课程环境，丰富儿童的知识经验，发展儿童基本技能。在基础知识的获得方面，强调儿童积极参与七大领域课程并在成人的帮助下认识并理解人文、数学、信息技术、自然世界等知识，拓宽视野。基本技能涵盖生存技能和学习技能，儿童能够在不同的领域课程中获得不同的基本技能。课程内容强调通过学习沟通和语言发展、身体发育领域课程，掌握语言交流、身体动作、生活卫生等基本生存技能；通过读写能力领域、数学能力领域和理解世界领域的课程，在教师和家长的引导下获得阅读、书写和算数技能，以及主动感知、观察和探索的学习能力。

英国幼儿园课程内容突出实用性，强调生活经验和社会经验的获取与实践，关注课程内容与社会生活的联系，培养儿童的独立性、创造力及社会适应能力，使他们能够愉快地融入社会生活。[1]在课程引导下，儿童要学习独自整理衣物、洗手、付钱等日常活动，熟练使用电子产品等，并在各个领域的课程中学习与他人交流沟通、分享合作、遵守规则、调整行为等。

（三）注重联合参与的课程实施

幼儿园、家庭和社区是儿童成长发展的重要环境，三者之间有着密不可分的关系。家庭是社区的细胞，社区是儿童成长的大环境。社区中隐藏着丰富的教育资源，社区中的人们也需要接受科学育儿知识的熏陶。家庭是连接幼儿园与社区的桥梁，促使幼儿园更好地向社区开放，并与社区有机地结合起来。英国学前课程实施中的一大特点是幼儿园、家庭和社区

---

[1] 张宇. 英国现行学前教育课程设置的内容及启示 [J]. 教育观察，2020, 9(40):134-137.

的联合参与，通过共享资源，三方合作，形成强大的教育合力。英国学前课程重视多元主体合作，幼儿园充分协调利用社区资源开展外出活动课程，并邀请家长加入，儿童在教师和家长的带领下到社区公园的游戏场地玩耍，到免费对外开放的美术馆、博物馆观看展览，到商店、超市购物，又或是到动物园、农场观察动物或农作物。儿童在这种课程环境下积极发现探索，相互交流合作，从而更好地融入社会生活。此外，在英国，一些幼儿园会邀请家长直接参与课程活动，与教师联手配合，向儿童分享或教授音乐、舞蹈、烹饪等才艺和技能，激发儿童的兴趣和内在潜力，拓宽儿童的知识与能力。有些幼儿园还会邀请班内不同国家的家长间接参与课程设置，将英文课程教材译成不同语言，为幼儿园课程资源提供支持，帮助儿童感知各国语言的多样性和差异性，体验语言的魅力。

四、英国学前教育课程设置对我国的启示

（一）课程设置与课程文化背景紧密结合

课程是由文化衍生出来的，同时又能传承文化，文化作为课程的母体决定了课程的文化品性，并为课程设定基本的逻辑规则和内容范畴。英国传统文化中的宗教信仰、自由主义、保守稳定、科学精神等内容，决定了当下自然自由、重视基础的英国学前课程。中国是人类历史文明的主要发源地之一，作为有着五千年历史的文化大国，中国文化历史悠久且独具特色。因此，我们可以思考我国学前教育课程设置与课程文化背景之间的关系，将课程设置与课程文化背景结合起来，深入探究并合理设置适合我国的学前教育课程。例如，在设置和实施幼儿园课程时，既要将传承和发扬我国优秀传统文化及地域文化作为主流，又要吸取他国学前课程和文化中有益于我国课程设置的部分，以此弥补学前课程和文化的不足，通过多样文化之间的交流与共存，提升我国学前课程的质量和水平，促进儿童的全面发展。

（二）发挥幼儿园、家庭、社区的协同共育作用

幼儿园、家庭、社区协同共育，是指在一定的社会背景下，由幼儿园及教师、幼儿家庭及家长、社区及社区服务人员在儿童成长的过程中，各尽其责、各尽所能，形成教育合力，共同促进幼儿身心健康发展。首先，相关部门应制定协同共育的文件，扩大学前教育资金投入，为三方有效利用资源和参与课程提供保障与指导建议。其次，地方教育部门应根据当地教育现状联合高校专家、名师为幼儿园、社区和家庭提供指导，深入分享、探讨协同共育内容和学前课程信息。最后，家庭、幼儿园和社区三方应主动增加互动机会，建立起深层次的交流合作关系，通过家长、社区直接或间接地参与幼儿园课程设置与实施，为课程提供资源和建议，发挥三方协同共育作用，构建优质的幼儿园课程。

（三）紧跟时代发展修订学前课程文件

自2001年起，我国教育部门陆续颁布了学前课程的相关文件，如《幼儿园教育指导纲要（试行）》《3~6岁儿童学习与发展指南》《幼儿园工作规程》，对儿童的学习与发展目标、内容等方面展开详细叙述，为我国学前课程的发展与实施提供基础性的指导和建议。如今，在课程文件的指导下，我国学前教育正朝着蓬勃的方向发展，学前教育课程的设置与开展也异彩纷呈。然而，时代在发展，社会在进步，我们必须做出改变。因此，我们要紧跟时代发展，适时调整学前课程设置文件内容，及时更新与修订，加快完善学前课程政策文件，提高学前教育课程的有效性，促进我国学前教育的高质量发展。

第五章 我国学前教育课程模式演变的研究

第一节 我国学前教育课程模式复苏阶段

任何一门学科都不是凭空产生的，都有其独特的时代背景与发展路径。学前教育与其他教育同等重要，原因在于国家、社会对学前教育的重视。1978年，我国正处于拨乱反正、社会变革、发展经济与多重革新的时间节点，在这一阶段为了进一步打开改革开放的新局面，国家加大了对社会经济发展的投入。从社会角度来看，推翻"两个凡是"（凡是毛主席作出的决策，我们都坚决维护；凡是毛主席的指示，我们都始终不渝地遵循），确立"三个面向"（教育要面向现代化、面向世界、面向未来），已经成为当时最重要的教育战线方针。为了保证学前教育学科在重建过程中得到有效的保障，首先要确保学前教育学科在正确的思想下得到正确的指引。在此期间，我国颁布了相关的学前教育法规，如《教育部关于加强和发展师范教育的意见》《城市幼儿园工作条例（试行草案）》等，并指定相关学校进行试点，学前教育类文件、政策发放到基层，对基层学前教育及学前教育规范化的发展起到了助推作用。为了更好地做好学前教育学科的重建工作，政府提供了相对较多的历史依据，奠定了我国学前教育在新时期发展的基础。回顾过去，一批优秀的教育家对学前教育开展了针对性的研究，主要内容围绕儿童在学前教育内怎样接受教育，并在教育过程中如何吸收知识。上述各项研究为学前教育学科打下了坚实的基石。放眼世界，杜威、皮亚杰等国外教育家在学前教育学科的复苏环节中也起到了重要的推动作用，他们提出了许多先进理念，我国学前教育在新的历史背景下对此进行了充分的吸收，助力我国学前教育课程模式的复苏。先进的思想来源于先进地区对学前教育的研究及教学实践，许多教师在教学过程中充分结合教育实践，积极解决教育问题，使我国学前教育理论和学科建设在20世纪70年代末至80年代末得到了充分的复苏。

一、政治上的思想路线对学前教育课程复苏起到了重要作用

"文化大革命"结束后，学前教育在教育中受到了充分的重视，国家为了更好地提升教育教学质量，先后发布了许多文件指导基层探索学前教育复苏路径，这为今后的教育事业恢复指明了方向，学前教育学科得以有效重建，进而走向正确有序的轨道。

改革开放在20世纪70年代末正式开始，改革开放的内容不仅限于经济发展，更多的是对社会的全方面发展起到助推作用。比如学前教育在这一阶段中就得到了明确而有效的发展。社会变革是改革开放中一项系统而深刻的改革内容。针对教育领域开展拨乱反正的教育工作，是教育改革的重要指示精神。在改革过程中，帮助正确的思想得到树立，为知识分子正名，进一步澄清思想是20世纪七八十年代教育工作的主要内容。1977年7月，邓小平同志开始教育改革工作，并在此期间开始了政治上的拨乱反正，为许多教育家恢复了身份，并指导一线的师范院校开展教育工作的革新，在此期间许多教育家重新走上教育舞台，用自己的学识培养出一批人才。此阶段教育工作的重心是培养科技型人才和现代化建设人才。在此阶段，国家的相关工作会议也提出了现代化发展的目标。围绕现代化发展的核心就是加强对人才的培养，使大多数人通过对知识的学习来推动整个社会的现代化。这一阶段，党和国家认识到了知识分子的重要性。

1982年9月，邓小平同志指出，战略重点一是农业，二是能源和交通，三是教育和科学。如何做好各方面、各领域的发展，一定是培养人才，而人才的培养来源于基础，基础的人才培养就是学前教育，学前教育在一定程度上对一个人的一生产生重要作用。如何发挥好学前教育在这一阶段对国家人才建设的重要作用，需要各地方政府进一步贯彻和落实

党中央的政策精神，并根据当地的实际情况拓宽和丰富学前教育的教学内容。

在我国社会主义建设中，需要根据教育内容来进行有针对性的人才培养。只有加强教育建设，才能推动人才培养迈向新的阶段，国家才能走向富强。在特殊的历史背景下，正确的选择对国家来说有着重要的助推作用。在此阶段，邓小平同志提出了"三个面向"的方针，这对我国基层的学前教育发展起到了积极的作用。

二、通过政策性文件指导学前教育课程模式复苏

改革开放后，我们党深刻认识到基础教育的重要性，尤其是学前教育的发展，在改革开放的第一个十年里先后颁布了许多关于学前教育学科建设的政策，为地方构建学前教育课程模式指明了前进的方向，同时也为学前教育理论研究提供了必要的研究平台。

改革开放的第一个十年，我国学前教育的工作主要是复苏，由此我国各地幼儿园得以恢复，学前教育机构在政府的推动下逐渐恢复，各教育阶段也因此获得了衔接。1978年，我国召开了专门的教育工作会议，会上讨论了教育发展目标、教育模式，以及各教育阶段应该如何培养人才的问题。会议确定了现代化建设人才培养的方向，确立了以科学为指导的教学课程模式的建立要素。同时，加大社会各领域之间的紧密联系，积极推动改革开放，使社会其他领域在发展的过程中间接或直接地影响教育领域，推动全社会重视教育，尤其是学前教育。第一个十年，改革开放对恢复国家各行各业起到了至关重要的作用，学前教育学科与其他阶段的教育学科从教育模式、课程模式、研究内容、教育内容、教育体系中寻找到了一条中国特色社会主义教育道路，特色的教育体系为改革开放提供了必要的基础人才教育。[1]与此同时，国家在制定教育方针时，发现教育领域中存在不少违背教育道德的问题，为了保证学前教育发展能够得到有效的保

---

[1] 王蜜蜜，王小丁.近四十年我国学前教育课程模式演变研究的文献综述 [J].西部素质教育，2018，4(9):125−127.

护，国家在改革开放的第一个十年制定和颁布了一系列的政策法规，这为教育领域的拨乱反正工作及后续学科建设等工作提供了坚实的保障。

1979年，我国颁发了《城市幼儿园工作条例（试行草案）》，明确指出教育内容要按照社会发展和国家需要进行科学制定，各幼儿园在制定学前教育目标时要根据国家制定的教育大纲及各阶段的教育方针、政策内容，确保教育方向的正确性，保证孩子能够在良好的教育环境中接受学前教育。此外，在《城市幼儿园工作条例（试行草案）》中，还有关于学前教育管理制度的内容。管理制度关系到幼儿园日常教育的秩序稳定，同时该工作条例也为学前教育工作者提供了工作依据，并且地方政府还可以根据《城市幼儿园工作条例（试行草案）》为幼儿园和托儿所提供教育设备，并根据实际情况配备教师队伍，确保常态化开展学前教育基础业务的时候可以得到保障，使孩子的受教育工作得到彻底落实。从现实角度来看，随着1979年《城市幼儿园工作条例（试行草案）》的贯彻与实施，各地的学前教育机构在第一时间得到了恢复，同时学前教育的教育模式也得到了快速构建，可以说为全国学前教育工作提供了坚实的政策和制度保障。随后几年的时间里，我国学前教育领域明显得到恢复，1981年10月，教育部颁布了《幼儿园教育纲要（试行草案）》，明确指出学前教育发展要具备科学逻辑，不能局限在传统的学前教育工作中停滞不前，按照纲要指导各地幼儿园开展教育工作，并指导保育工作，同时许多教育者以此为依据开展各种类型的教育工作。在这一阶段，教师的教育工作逐渐走向科学化，与社会发展的脉络相适应，教育目标也具备了明确的方向。在此期间国家为了更好地将其中的内容贯彻落实到地方，让各地方政府在围绕其进行教育工作时，积极总结经验，并将其实时反馈到上级部门，国家以此为依据制定学前教育的教材，进一步规定了学前教育教学的方向和教学模式，逐步构建了1949年以来学前教育稳定的教学环境，解决了学前教育中的政治问题。

1978年，我国颁布了《关于加强和发展师范教育的意见》，明确指出学前教育质量的根本在于培养教师队伍，而教师队伍建设必须考虑到专业院校的教育情况，两者之间的关系息息相关，因此在专业性较强的师范类学校和具备师范专业的综合类学校中强化学前教育学科的教学是非常有必要的，随后同年就恢复了学前师范教育招生工作，自此学前师范教育开始了蓬勃的发展。同时，国家在召开专题会议讨论时发现，虽然学前教育学校拥有十分庞大的教师队伍，但是缺乏专业化人才，根本无法满足当前和未来学前教育发展的需求，自此之后各省市根据当地的现状和当时国家在学前教育发展中提出的政策方针开始了学前教育专业建设工作，许多省市在此期间新建了一大批师范学校。从发展的角度看，我国学前教育能够发展到今天这样的规模，获得可观的成就，都离不开这一阶段新建学校和专业化发展等举措。

1980年，我国颁布了"文化大革命"之后的第一个幼儿师范学校教学计划。该计划的实施有效地规范了教学和管理，极大地提高了学前教育的质量，提高了学前教育的师资力量。但是在此期间仍有许多问题没有得到有效解决，甚至还产生了许多新的问题，主要原因在于改革开放刚刚开始，人们对学前教育的认识仍然停留在过去的思维中，这也证明了这一时期人们对学前教育的认识并不是很正确，许多政策也还不够深入，甚至某些阶段中的教学目标和教学内容缺乏一定的合理性，这便是该时代所带来的局限性。为了更好地解决这一问题，教育部门对当时的学前教育内容进行了调整与完善，1985年对相关文件的修改力度最大，效果最为明显，在众多文件中明确指出高校在开展学前教育研究时具备自主权，可根据现有的教学状况和社会发展需求进行科学研究，同时课程设置的自主权也下放到各高校的手中。在国家政策文件的指导下，国内各高校逐渐加深学前教育课本教学和课程教学之间的联系，开始了实践检验教学真理的工作，许多地方幼儿教学机构的问题正式反馈到教育专家的手中，各个学校相继设置许多特色的教学课程及相应的教学内容，培养出众多专业能力较强的教师。这批教师走上工作岗位后在实践中总结经验，养成了良好的教学行为和习惯。正因如此，学前教育课程模式得到了快速复苏，这一阶段的政策也充分体现出我国在市场化经济发展下，各地区围绕市场化需求和政策指导内容及地域特点，研究学前教育基础课程内容，并充分立足于我国国情和地方实际，为学前教育的发展提供必要的政策保障，我国学前教育学也在该阶段正式形成。

上述所提到的各类政策文件表明了在改革开放初期阶段，我国学前教育问题得到了明显的解决，幼儿园及其他学前教育机构，还有专业化的师范类学校都强化了学前教育的内容设置、教师队伍建设、教育机构管理等，逐步在原有的基础上建立起有特色的学前教育体系，这为日后的学前教育科学化奠定了坚实的基础，并为地方政府和教育部门开展学前教育工作提供了依据和保障，极大地提高了我国学前教育的水平。

三、理论探索推动学前教育课程模式复苏

我国学前教育学科最早可追溯到20世纪之初，以国外的新学思想为主。此时我国的启蒙教育在一定程度上结合西方的特点，许多优秀的学前教育工作者和研究者在这一阶段展现出对学前教育的重视，并通过他们的实践总结出许多经验。尤其是类似于幼儿园等雏形的教育机构的形成，在很长一段时间内对我国的学前教育推广起到重要作用。我国的一些教育研究者在此期间也通过实地考察、实地研究和实地检验等多种方式积累了宝贵的经验。这些学前教育的实践经验在逐步累积的过程中，形成了学前教育知识理论体系。随着教育界对学前教育的重视，学前教育的重要性在各阶段的学科教育中逐渐发挥作用。

学前教育理论研究在20世纪初已经初具规模，其中以陈鹤琴、陶行知、张雪门、张宗麟等人为代表。陶行知在研究学前教育理论时指出，人的一生是由习惯、倾向、态度决定的，这些内容的培养一定是在六岁之前就已经开始。往往六岁之前所形成的习惯、倾向、态度，对今后的人生会起到重要的作用。因此，陶行知认为，六岁以前是人格陶冶的重要时期，是奠定人一生行为习惯的重要阶段。自此开始，学前教育以基础教育

为目标，各种相应的研究也逐渐成形，研究理论对学前教育的发展起到了重要的作用。当时，许多高级知识分子家庭对学前教育阶段的教育内容制定有着深刻的研究。这些教育内容随着长时间被各所学校吸收，逐渐形成了一套理论教育体系。因此，学前教育的思想在20世纪之初就已经受到了广泛的重视，也获得了极大的推广。这在当时被誉为学前教育思想的一大进步。除了陶行知以外，陈鹤琴也极为重视学前教育。他表示学前教育是整个教育事业中最重要的一环，具有不可替代的意义。他认为，幼儿期是人一生中最重要的一个时期。在此阶段，可以培养孩子的习惯、言语、技能、思想、态度，甚至孩子的情绪在这个时间段都可以打下一个坚实的基础，如果这些基础不牢靠，对孩子未来的影响就会很大。尤其是在下一阶段的人格塑造就很难进行。正是这些著名的教育学者，他们坚持自己的理想、理念，保持对教育研究的初心，在没有任何保障的前提下，开展了中国化的学前教育，使我国的学前教育逐渐科学化。在此期间，所有的幼儿园课程问题也被纷纷列举出来，许多研究者针对这些学前教育问题进行了研究，这是早期探索科学教育理论工作的重要内容。在改革开放之后，我国的学前教育积极汲取这一时期的重要理论知识，在此基础之上拓展和拓宽了学前教育的理论范畴，进而为中国化的学前教育奠定了思想基础。

在1949年以前，恶劣的政治环境和生存环境致使我国的传统教育在一段时间内并没有得到发展，甚至很多研究者认为我国的学前教育应当全面向西方学习，这种全盘西化的教育思想在一段时期领导着我国的教育研究风潮。其中关于学前教育的许多问题，在西化的处理方式中得到了解决，不可否认其对中国学前教育有推动作用。但是，西化学前教育没有结合国情，难以解决当下学前教育所存在的问题。20世纪初，西方人进入中国后创办幼儿园等学前教育机构，他们实行的是西化的学前教育方式，对我国的幼儿来说并没有形成良好的中国化行为习惯。这种盲目照搬国外的做法，对推动我国的学前教育并没有很大的作用。所以说，盲目照搬国外的教育思想是无法奠定本国的教育基础的。学前教育与其他阶段的教育同等重要，学前教育的内容需要根据地域性的特点来制定。因此，特色的教育方式才是引导学前教育向前发展的重要路径。尤其是那些与国情不相符的教育内容，在这一阶段产生了畸形的教育结果。为此，许多教育家在研究学前教育过程中反省了这一时间段所产生的全盘西化的教育思想，并根据当时的教育环境和政治环境开展了新的教育研究。

随着这种批判现象逐渐成为教育思想的领导主流，诸多教育家纷纷开始表达自己对学前教育的认识，这对改革开放初期奠定中国教育思想有很大的帮助，尤其是学前教育阶段的许多教育内容和教育理论研究是以这些内容为基础的。改革开放初期，诸多教育家在研究学前教育时提出中国的教育与其他国家的教育是源于地域性的差异，地域性差异中的核心是文化上的差异，根据文化的特点结合先进的教学方式才是保证学前教育向前发展的根本。但是，在教育的研判分析过程中，不能全盘否定西化对我国学前教育的助力。西化的学前教育中有许多东西仍然是可以借鉴的，中国的教育者要将他国的先进教育经验及先进地区的教育经验与我国的实际相结合来开展教育工作。不同的国家有不同的历史，不同的历史造就了不同的文化，而不同的文化则会塑造不同的环境。因此，各国之间的学前教育在本质上有大同小异之处，但是在教学方法和引导过程中，各国需要根据本国的国情来进行。因此，可以判定他国所认为好的教育方式在我国并不一定适用。

20世纪80年代初，我国学前教育的理论研究已符合国情。在借鉴的过程中，并不是全盘否定国外的教育经验，而是结合本国的国情和现实社会需求来进行，这是科学化学前教育方式的雏形。这一阶段产生了许多关于教育思想的重要研究成果，对复苏学前教育课程模式起到了重要的作用。这一阶段所提出的理论大多是结合教育的方向和教育内容来进行的。许多教育人士认为，不符合我国国情的教育内容是错误的。在特定的历史时期和特定的发展阶段来选取适合我国的教育内容是帮助我国学前教育获得进一步发展的重要基础。所以，完全否定和完全西化都不能帮助我国完成学前教育理论体系的建设。在20世纪80年代初，我国正在进行改革开放，将全社会全体人民富强作为一项重要的国家方针。我国作为农业大国，农村人口占据全国人口的80%，这就是当时改革开放我国所面临的重要国情。在这一过程中，根据农民的广泛性来开展学前教育，是当时最主要的问题。因此，在实行学前教育机构化的过程中，如何进一步地拓展到农村就成了许多地方政府在推广学前教育时面临的现实困境。[1]从另一个角度来说，20世纪80年代初，许多教育者用超前的思维和眼界来判定，我国学前教育要想推广成功，农村化的学前教育一定是基础。只有解决了农村化学前教育的一系列问题，才能促使我国学前教育从规模和质量等多方面向前迈出一大步。

教育人士根据20世纪初所提出的平民教育理论开始了广泛的讨论和研究，幼儿园机构在市场化发展的过程中有许多困难，一个是农民的思维僵化，另一个是教育者和师资力量投入困难。是否能够扩张到我国的所有农村地区，许多人是有疑问的。因此，这一阶段推广农村学前教育极为困难。农村的学前教育在很长一段时间没有得到有效发展，特别是学前教育在农村人的思想中是一种难以理解的东西。20世纪80年代的农村人认为学前教育就是外国病、花钱病、富贵病。因此，许多研究者希望通过将学前教育逐渐发展为中国化，教育方式也逐渐从外国观感变成本土观感，这样有利于幼儿园在农村土地上得到滋养与发展。

针对农民所认为的"费钱"问题，国家开办了公办幼儿园，或者是公私合营的幼儿园，逐渐降低费用，由国家补贴，通过国家手段来推动学前教育机构的发展，这才是最终的目标。此外，收费昂贵的幼儿园和平价幼儿园应当融合，缩小两者之间的差距，让更多的人接受平等教育，从而发挥我国教育资源平等化的重要作用。同时，在农村以外的城市地区，许多人认为国外的西化思想教育在一定程度上能够帮助人们获得更好的成

[1] 王芳. 学前教育课程改革的文化审视：价值取向和实践路径 [J]. 教育学术月刊，2018(2):105−111.

长。这种错误的理论和思维在过去一段时间内影响着我国许多城市的居民。在这一阶段，许多教育研究者制定了多项教育宣传内容，希望通过这种方式来打破人们对西方的盲目崇拜，通过建设中国化的幼儿园，使学前教育真正做到普及，让更多的学前教育为劳动人民服务。为此，一些研究者开始研究西方的学前教育，汲取西方学前教育成功经验的同时，也调查和揭露了西方学前教育中存在的弊端，以保证各地方在办学前教育机构时能够准确有效地将其精华提炼出来。尤其是张宗麟在那一时期对我国南京、苏州等地的幼儿园进行考察之后，写了一篇名为《调查幼稚教育后的感想》的文章，明确地指出我国的学前教育一定是中国化的学前教育，只有推广中国化的学前教育，才能使我国的人才培养与我国国情之间产生密切的联系。

四、学前教育科学化的成果促进学前教育课程模式复苏

为了更好地推动学前教育课程模式复苏，20世纪80年代开始了关于学前教育科学化的讨论。讨论内容主要是中国化的教育体系建设，可以说学前教育的建设需要多方面的努力，不能仅仅依靠教育领域的工作者和研究者，诸如其他各领域也可以针对学前教育进行讨论，使学前教育在专业化保证的前提下吸收更多的建议，如此学前教育内容的制定与模式的构建才能贴近我国国情，具备民族特点。在此期间，许多研究者提出学前教育与其他阶段的教育要尊重社会发展规律，按照科学化的发展要求，合理化建立属于我国的学前教育体系。同时，在国家的政策影响下，地方政府有力配合，各学校的一线教师开始了教学与研究两步走的教学思路，学前教育机构的教师也开始了相似的工作，教师开始摒弃思维僵化的教育模式，尝试与幼儿进行沟通，进一步通过实践了解儿童、研究儿童。在这一期间，我国的教育界开始正视学前教育工作的重要性，并提出遵循幼儿的发展规律和身心健康要求开展学前教育，侧面证实了科学化在学前教育中的作用，在此期间，解决了封建时期留下的许多教育观念，打破了许多人对学前教育的认识，为今后的学前教育发展奠定了重要的基础。

　　许多优秀的教育家在20世纪80年代初受科学化教育的影响，开始了长达十年的科学教育推广和研究工作，并取得了丰富的成果，学前教育的研究工作是不能脱离教育实践的，不能脱离社会、家庭及孩子的实际情况，教育的内容并非一成不变的，需要不断地根据时代的特征、现状进行引导，这样培养出来的孩子从行为习惯和思维习惯上都能够贴合社会发展的实际要求，这是中国化学前教育发展的主要路径。20世纪80年代初期，我国的改革开放刚刚开始，各领域在社会主义道路的正确指导下开始了新的尝试，这种尝试对我国的富强起到了重要作用，因此此时期教育领域达成了一个共识——学前教育培养的人才一定是围绕社会主义现代化建设的要求而进行的。

　　陈鹤琴作为中国当时最为著名的教育家，同时也是这一时期科学化学前教育的重要倡议者，改革开放初期就主动地参与学前教育的研究。陈鹤琴在研究中发现儿童心理学在学前教育中发挥着巨大的作用，认为儿童心理学是推动学前教育发展的重要助力，这使学前教育心理学在这一期间形成了基础的体系，学前教育心理学正式进入我国教育体系中，成为学前教育教师开展学前教育的重要方法。

　　儿童心理学体系的建立是改革开放第一个十年最重要的教育成果。西方提出观察孩子的行为习惯，探究孩子们的心理状况对指导学前教育教师开展教学活动有帮助，为此陈鹤琴对自己的孩子进行观察，长时间的观察下来总结出了许多教育经验，陈鹤琴认为0~6岁的幼儿具备模仿的特点，在生活中会学习成年人的动作和行为，比如走路、吃饭等，行为培养方式除了语言上的引导外，身体模仿也很重要。同时幼儿还有较强的好奇心，源于孩子内心成长过程中对外界事物的自我探究，也是儿童心理内容的重点。因此在教育幼儿时，家长和教师可以通过身体力行和暗示的方法引导幼儿形成正确的行为习惯和行为逻辑。此外，幼儿还拥有较强的游戏心，即娱乐性的活动内容，无论是家庭教育还是学前教育，都不能在教育环节中抹杀孩子的游戏心。实践表明，孩子在游戏中更容易集中注意力，通过以游戏为载体的方式培养幼儿是学前教育活动中最为关键的一点。科学化的指导要求就是实事求是，结合幼儿的心理特点、行为特点，促使幼儿在学前教育中汲取知识，形成良好的行为习惯和心理判断。陈鹤琴的助理张宗麟开始了试点试验，选择一处幼儿园开展研究，张宗麟发现儿童的观察力非常强，对外界事物的敏感要超越对实际事物的感知，为此陈鹤琴与张宗麟根据已有的教育经验开展了"关于感性学习的两个实验"。作为优秀的学前教育专家，他们用长时间的观察和研究为全国的学前教育发展做出了积极贡献。儿童的心理规律和发展规律在此期间开始被应用于学前教育教学实践中。

第二节　我国学前教育课程模式多元化发展阶段

20世纪90年代，我国学前教育正式进入新阶段，主要研究方向是创新现有的课程教育模式，并在实践过程中推进学前教育向前发展。这一阶段我国的经济也迎来了新的起点。随着改革开放进程的不断加快，开放的力度进一步加大，除了经济上的交流以外，文化领域内的交流也逐渐频繁，许多先进的教学经验在中西方文化的碰撞中产生了新的火花，不少经过试点和实践检验的学前教育方法逐渐被引入我国，一些新奇的课程模式得到了许多学前教育教师的认可。在此期间，高宽课程（也称为高瞻课程）和蒙台梭利课程尤为出名，这两项课程的引入对我国学前教育的发展产生了非常大的影响。除此以外，1989年6月5日，国家教育委员会为更好地推动学前教育工作向前发展，结合我国国情颁布了《幼儿园工作规程（试行）》（已废止，由中华人民共和国国家教育委员会令第25号发布的《幼儿园工作规程》代替）指导基层幼儿教师更好地开展学前教育。这标志着我国学前教育发展进入新的阶段，国家和地方政府可以有计划、有组织地开展学前教育课程模式改革，并且在改革中需要解决的问题很多，其中最为重要的就是确立教学主体，结合时代发展需求开展规范性的学前教育教学。为了让学前教育模式不再僵化和落后，许多学前教育教师投入研究工作中，除了已经取得的经验成果外，新型课程模式颇受当时教师们的欢迎，甚至许多学前教育教学模式还促进了当时学前教育知识理论体系的进一步完善，最后形成了以领域课程、活动课程、综合课程、游戏课程等为主要内容的教学局面，各类课程的有效实施极大地提高了我国学前教育的教学质量，这也是多元化教育课程发展的主要内容。

一、我国学前教育课程模式的演变

教育并不是无源之水，它形成于人类文化中。教育在某些时候具备非物质传承的作用，是国家培养人才的重要手段。20世纪90年代，学前教育课程内容遇到了现实困境，比如新的教育体系的僵化。受外界的影响，尤其是西方发达国家的影响，学前教育机构开始捕捉市场化的产品和内容，但是根据当时的学前教育现状及教育诉求，需要认真对待这种市场化的发展趋势。20世纪80年代末，发生了许多重大的政治事件，如东欧剧变、苏联解体等，世界格局越来越趋于多极化的发展，一超多强的政治格局逐渐形成。国际政权局势虽然并不稳定，但是仍有许多国家尝试合作和联系。强化新时期人才培养工作也是这一阶段的重要内容，是展现国家综合国力的一项重要手段，促使教育领域的专家开始了系统的理论研究。

在此期间，我国学前教育迎来了大踏步发展，教育质量稳步上升，诸多教育人士用实际行动证明学前教育在人才培养工作中的价值。这一期间许多基层学前教育教师常用的教学方式逐渐转变为新的教学课程模式，因此教学变革成了学前教育的重点研究对象。作为国家提升学前教育的重要政策方针，改革的内容主要围绕课程展开。此时许多外国的教育者进入我国，民营学前教育机构的产生正是这一阶段重要的特征，我国学前教育在20世纪90年代后迎来了新的发展机遇。就当时的学前教育课程而言，我国除了引进交流学习的方法以外，还将传统的教学方式深度革新，比如"分科教学"和"直接教学"。此外，还有新的课程方式，如"活动教学""综合教学"，这两种教学方式在学前教育领域中也称为自由教育模式。[1]经历改革开放初期的教育者们，更加了解国情与实践在教育中的作用，许多学前教育教师在吸收国外的先进教学方法时，并不是直接照搬硬套，而是结合地区特点，寻找合理的切入点，将一些国家和地区的先进学前教学经验引入其中，这一阶段运用较多并逐渐被中国化的教学方式主要包括蒙台梭利课程模式、高宽课程、发展-互动课程、发展适宜性课程等，这些学前教育方式都被合理地运用到我国学前教育教学的实践中。

同时，许多学前教育教师为了更好地将外国的教学方式和模式运用到我国本土化的教学中，针对特点较为明显的一些教学模式实行了中国化的教学改造。比如综合课程、领域课程、活动课程、游戏课程等四大课程，为我国学前教育课程模式多元化的发展奠定了坚实的基础。与此同时，学前教育教师也试验了许多新型的课程模式，这些课程模式在落实过程中由于缺乏丰富的教学实践，许多课程在实践过程中并不符合我国当时的教学状况，因此在实践过程中逐渐被淘汰。从另一个方面来说，在多元化的学前教育课程模式创建过程中，20世纪90年代开展的这类实践教育为未来的学前教育发展提供了很多思路，也创造了学前教育多元化发展的良好局面。总而言之，在20世纪90年代，因为政治格局的多极化、全球化、市场化，以及我国改革开放力度的逐渐加深，带动了学前教育向前发展。国家对教育方面的投入也逐渐增加，学前教育逐渐被重视起来。这一阶段，我国的学前教育为了更好地面向社会，适应时代发展的需求，开始向现代化教育过渡，这为中国学前教育模式的创新提供了良好的发展机遇。

---

[1] 王和 . 浅析幼儿园教改背景下的学前教育专业课程设置 [J]. 才智 , 2017(18):161+163.

二、学前教育价值观发生了改变

在过去一段时间，应试教育对我国的传统教育影响颇深，许多家长在孩子应试方面给予了极大的重视，这也源于我国传统的教育体制。在20世纪90年代，国家提出从应试教育向素质教育转变。但是，并不能忽略应试教育在一定程度上仍对我国现有教育体制具有深刻的影响，这些影响来源于多方面的因素。应试本质上是以知识为中心，通过分数来检验孩子们的学习能力。在应试教育下，许多家长不仅重视孩子的思想道德培养，同时也更加注重孩子获得高分的能力。在这个过程中，如何平衡两者，仍然是教师与家长需要思考的难题。在这一阶段，诞生了许多填鸭式的教学方法。填鸭式教学无非就是让孩子们通过大量做题与考试来增强他们的应试能力，片面地强调他们知识智力的发展，为孩子们强行灌输系统的知识和专门的技能，这在一定程度上的确提高了孩子们的应试能力。但是在孩子们的成长过程中，填鸭式教学压缩了他们对其他兴趣、爱好的培养时间。同样，学前教育也受到应试教育理念的深刻影响。比如，许多孩子受应试教育的影响，在很小的时候就放弃了自己的兴趣和需求，按照家长的要求被动学习。应试教育忽视了孩子们的主观能动性，片面地要求孩子在不适合的年龄成长规律下吸收更多的知识内容，忽视了幼儿自身的发展规律。这些并不意味着应试教育是完全错误的，而是应试教育本身极端地将知识技能作为重点内容，进而压制孩子兴趣的培养，并不符合孩子的成长规律和心理状态。幼儿对外界的生活是有好奇心的，要善于引导幼儿，让幼儿主动地参与学习的环境，主动去汲取外界的知识。但是，应试教育忽略了幼儿之间的个体差异性，要求每名幼儿在受教育的环节中快速地接触到不适合该年龄段的知识与内容。揠苗助长的问题就在这一环节产生，最终导致的结果就是幼儿在特定的年龄阶段没有接受到正确的情感教育和心理教育，幼儿的情感与社会性发展被边缘化。通过牺牲幼儿全面发展的需求来保证幼儿获得更高的分数，这是违背学前教育的最终目的的。

学前教育对幼儿的成长非常重要，受应试教育的影响产生了许多弊端，这些弊端暴露出应试教育下学前教育违背了幼儿全面发展的根本规律，因此导致许多幼儿教学课程模式也违背了教育的最终目的，达不到完善人格、发展自我的本质属性，与我国强调现代化建设、培养现代化人才的目标相违背。全能型的人才并不代表分数高，而是要根据幼儿的心理、身体等多方面来综合考量。在这一阶段，素质教育应运而生。1993年，中共中央、国务院印发的《中国教育改革和发展纲要》进一步指出，基础教育在发展过程中，要尽力避免因传统教育及应试教育带来的影响，通过改革的方式，让基础教育发展得更加有活力。同时也明确指出，基础教育是提高民族素质的奠基工程，必须大力加强基础教育。

由此可见，为了确定素质教育的重要性，我国通过法律明确了素质教育在国家教育体制中的重要作用。学前教育与其他阶段的教育同等重要，学前教育也是一个人一生中最重要的受教育阶段。如何保障幼儿接受合理化、科学化教学的指导，制定完善的教育内容是这一阶段的主题。学前教育要跟随时代改革的步伐，紧跟时代脉络的需求，不断地将教育内容转化。只有适应了时代的改革步伐，转变教育价值观，才能帮助学前教育阶段的孩子在素质教育的引导下成长、成才。这是素质教育对学前教育整体改革的影响。学前教育阶段主要的教育任务就是培养幼儿的身心和谐发展，让幼儿拥有完整的情感、情绪。以此为根本作为教育内容制定的出发点，以使课程模式在创新之后能够有效地带动幼儿健康成长。部分新课程模式在教育过程中并不适合幼儿的成长，因此这些教育模式就应该被摒弃，应该选择适合幼儿成长的教学模式，这样才能帮助幼儿在正确的教育环境中受到正确的教育，这对日后国民素质的提升有极大的促进作用。

三、人本主义教育思潮开始兴起

20世纪90年代，我国改革开放逐渐对社会经济产生影响，为全社会各领域的发展指出了明确的方向。在此阶段，国外的许多教育理念涌入我国的教育领域，国内研究者在研究国外先进的教育理念时，也会积极地遵循科学的指导规律，依据当时世界教育发展的潮流及我国的教育实际状况，进而将改革的思潮拓展到教育领域，推动教育向前发展。其中，最为著名的人本主义教育思潮是影响最大的一类思想，人本主义对我国的教育改革和教育发展起到了推波助澜的作用。现代人本主义教育是从20世纪70年代美国兴起的，兴起的根本原因是针对美国20世纪50年代末期以来所产生的主观主义、唯科学主义。上述两项教育主义对实践教育并没有产生良好的教学效果。所以，以人为本的教育理念从20世纪90年代就成为我国各阶段教育者最为关注和重视的一项教育理念，许多新式教育方法和模式也因此发生了改变，以人为本的教育理念在教育各个环节产生作用。

以人为本肯定人在教育中的主体地位，通过教育的方式来帮助人形成完善的人格，让人在培养人格的过程中汲取外界的知识，使人在受教育的过程中不断完善人格。这种教育思潮在近些年来也颇受许多教育者的关注和重视。人文主义教育思潮在我国的学前教育发展过程中产生了很大的作用，最主要的一项作用是推动了教育者的反思。学前教育教师根据人本主义的内容积极反思在过去一段时间内所开展的教育是否能够将教育内容合理化地传达给幼儿，这是该阶段教师反思的核心问题。正因如此，20世纪90年代我国形成了全新的儿童主体观、整体教育观和整合课程观。

儿童观的教育理念雏形是20世纪90年代学前教育研究者根据现有教育状况总结出来的。在20世纪90年代之前，我国对教育的认识还停留在"以教师为中心"的教学观念中，传统的教育模式在"以教师为中心"的教学环境中，更多强调教师课堂讲授过程中个人的自我发挥，忽视学生之间存在的差异，完全依赖于教师自我的经验进行教学，可以说在此之前教学计划的设置、教学活动的实施、教学效果的评价都是由教师负责的，没有考虑到学生们的感受，没有根据学生们的意愿科学、合理地安排教学的各项工作，致使幼儿在教学活动中被动地学习。从教学实践的角度看待孩子学习兴趣的培养，发现不同的教学环境、教学氛围、教学模式对引导幼儿参与教学活动专注度有明显差异，因此幼儿的学习状态在缺乏科学化的引导和积极向上、符合幼儿成长规律的环境中就会变得很差。可以证明，被动的教学方式难以激发孩子的潜力和好奇心，并且使教学内容更加工具化，教学方式更加模板化，教学技巧更加僵硬。长期被动的教育方式对孩子可产生诸如独立意识降低、探索兴趣降低、创新能力下降、独立个性弱化等非常恶劣的负面效果。上述负面效果的最终结果就是遏制了孩子健康成长，破坏了孩子人格塑造的进程。现代人本主义教育思想在20世纪90年代进入我国的，我国的教育者在最初研究"以人为本"的教育理念时经常会发生观念偏差，直到在实践过程中，通过强化教学主体的地位与作用，深刻地证明了以教师为教学主体和以学生为教学主体之间的差别和优劣，以学生为教学主体的教育观念正是在这一阶段被发扬光大的，越来越多的教师转变教学观念，开始了以学生为本的教育。同样，学前教育的教师为更好地推动以学生为本的教育模式，不断构建和完善幼儿教学内容，经常性地组织一些互动性比较强且与幼儿主体观念相符合的教学活动。学前教育在施行新的教育模式中，根据新的教育理念确定了新的教育主体，实际的教学价值是推动教师提升教育认识，懂得和尊重幼儿自身的差异和人格上的不同。最终结果是不少的学前教育教师在教学过程中越来越多地开展促进幼儿主动参与学习的教学活动，被动的教育观念在很大程度上被淘汰。

学前教育在20世纪90年代，更多关注的是如何从教育的环境中让孩子产生"发现自我""实现自我""创造自我"的意识，无论是在他人引导的情况下，还是在自我学习的环境中都可以保持学习动力。[1]所以，教育观念转变在20世纪90年代的学前教育领域中会被经常提到，过去的教育观主要是注重培养孩子的认知能力，通过被动的方式强制性地让孩子认知世界，因此幼儿自身的情感、情绪，甚至是社会能力都没有得到有效培养，尤其是孩子在进入青春期阶段，更容易激发其逆反心理。因此，综

---

[1] 薛莉.学前教育专业课程设置优化路径探究 [J]. 中国培训，2016(20):122.

合、全面的素质教育的重要性便显而易见。

人本主义教育思想的兴起对学前教育来说起到了再上新台阶的作用，打开了我国学前教育工作者的眼界。人本主义教育思想认为1~6岁的儿童在教学中可以视为一个整体，幼儿在受教育的环节中应当兼顾社会需要和个体需要，通过提升生活技能、了解外部变化、塑造积极向上的乐观态度，从而在认知能力提升的过程中，使情意的感知能力也得到提升。此时，学前教育教师可以进行全面性的教学，多方面地为孩子提供培养各类兴趣的机会，进而使孩子的身心健康成长获得保障，最终达成教学的总体目标与任务。幼儿阶段的孩子在成长过程中受外部环境的影响，自我辨别能力较差。无法准确识别外界环境所传达的信息，这种表现我们称为认知能力差，同时幼儿的情绪也会随着外部信息而产生波动，这就证明了教学环境的塑造要围绕孩子来进行。学前教育阶段的孩子对知识本身有着非常强烈的好奇心，孩子们通过自身的感知能力去学习和了解外部知识，进而在此基础上了解世界。长期以来，我国各教育阶段在开展教学时，对各门课的设置秉持着独立发展和独立教育的原则，各学科之间的关系并不紧密，导致孩子对各类知识并没有形成思维上的融合，因此分科课程的模式在这种教学环境中没有有效发挥教育融合作用，整体的课程效应并不理想。20世纪90年代，我国教育部门为了解决好这类问题，先后开展了数十次调研、讨论、研究，并尝试通过整合方式将各类学科之间的关系紧密地联系起来，将教学系统中分化的诸多要素通过科目融合等方式整合起来，进而形成课程整合观念。自20世纪90年代以后，这种课程整合观念得到了学前教育领域工作者的普遍认可，学前教育将整合教育观念应用到实际中，涌现出很多新的学前教育课程模式，为此综合性的教学方式在这一时期的学前教育中被广泛运用，综合化的教育模式也成了改革开放以来我国学前教育课程模式发展最为显著的特征。

四、国外教育课程模式的广泛运用和吸收

1989年6月5日，国家教育委员会颁布了《幼儿园工作规程（试行）》，对各地学前教育的保育工作给予了政策方面的引导和支持，希望学前教育工作者可以通过新的教育观念指导现行的学前教育工作。比如学前教育当前的教育工作目标要转化为保育和教育相结合的工作机制，在教学过程中不能偏科、单一化地进行教学，对幼儿的教学内容制定要遵循德、智、体、美全面发展的教育要求，多方面、全方位地推动幼儿身心健康成长。许多学前教育教师据此开展了多元化的教学工作，他们更加注重孩子的实践活动，活动的模式逐步朝着游戏化的方向渗透，寓教于乐的教学观念主导了这一阶段的教学工作，各项教育活动对比前十年来说有明显的提升。在科学的指导下，学前教育活动可以更多地吸收国外的教学模式，根据现有的教育基础和教育内容全方位地做好教育工作，因此开始了新一轮的学前教育课程模式的改革。

（一）大力引进国外课程模式

20世纪80年代中后期，我国的学前教育已经开始了改革，虽然没有提出明确的改革目标和方向及具体内容，但是已经有了雏形。比如在学前教育领域，很多幼儿园开展了高宽课程模式的学习，这代表着改革正在逐步向全国推动。高宽课程模式又称高瞻课程、海伊斯科普课程，产生于20世纪60年代的美国，美国在开展该课程模式时，通过基础教育中的主体教学模式转换进行教学。高宽课程模式在20世纪70年代已经成为美国学前教育界运用最为广泛的一种教育模式，80年代开始逐渐在世界范围内流传。我国在20世纪80年代末将这种课程模式引入国内。高宽课程以皮亚杰的认知基础理论为核心。皮亚杰认为，幼儿的认知提高是在外界环境互动的基础之上，在外界环境的刺激下形成了一定的认知。无论是学前教育阶段，还是其他教育阶段，在开展课程教育时，不要过多关注教师的教学任务，要让孩子们主动参与其中，让教师和孩子们共同担任教育任务和学习任务。孩子们在教师所塑造的教学环境中主动地学习是认知提

高的第一步。长期的主动学习会帮助学前阶段的幼儿形成主动学习的意识，并在此基础上逐渐建立自己的知识体系。可见，以主动学习为培养内容的高宽课程能够帮助幼儿在学前教育阶段快速提高自己的认知水平，提高幼儿对知识的吸收能力。幼儿的主动学习行为与习惯在这个阶段中得到培养。进入小学后，他们更能适应小学的生活和学习状态。目前，高宽课程所开展的各类教学活动主要是围绕学前教育教师和幼儿进行的。此阶段总共包含语言、读写能力和交流，社会性和情感发展，身体发展，身心健康，艺术和科学五个学习领域。该课程模式所包含的各类教育经验对提升幼儿的认知，帮助幼儿建立完善的人格有很大的帮助。

进入20世纪90年代，我国的经济发展取得了新的突破，教育在这一阶段迎来了新的起点。尤其是中西方教育的交流日益频繁，发达地区的幼儿园对学习国外先进的教育经验有着迫切的需求。他们通过自主研发或者政府引导的方式，加强与国外教育领域相关机构的交流与沟通，通过学习国外课程的成功经验和先进模式，改进了现有的教育模式，帮助幼儿在新的阶段获得新的学前教育知识。

高宽课程自进入我国学前教育领域之后，就通过主动学习、活动区建设等内容，建构传统听课模式、直接教学模式和班级授课制模式。上述各类教学模式受到了学前教育领域工作者的普遍重视。新思想、新方法在进入我国的学前教育领域中，学前教育教师并没有因为自我的传统教育经验而对其排斥，反而进行广泛的吸收与运用。许多地区还在幼儿园内设置了特色活动区，并在活动区中放置适宜的活动材料，这对提高幼儿在课间活动中激发自己主动学习行为的原动力有很大的帮助。自20世纪90年代开始，我国的区域活动就已经成了学前教育中最重要的一项内容，并且这一内容在近些年来受到家长和教师的广泛认可，成为学前教育机构最重要的一部分。为了探索出更好的教育途径，教育者在研究教育内容时扩大了研究范围，也投入了更多的精力，比如区域活动时，如何根据幼儿园本身的特点及地区的特色来进行设置，如何对有限的空间进行合理布置，对材料的选择、投放、教师指导与评价都进行了相关研究。在这一阶段，主要的问题就是如何采取有效的教学模式，让幼儿的兴趣、技能得到培养，同时又能发生主动的学习行为。虽然在20世纪90年代这一问题并没有得到有效的解决，甚至让许多家长和教师产生了教育困惑，但并没有阻止教育研究向更深层次进行。为此，我国的学前教育工作者将目光放到了蒙台梭利课程模式上。

蒙台梭利课程模式是由意大利著名的幼儿教育家玛丽亚·蒙台梭利创立的。在蒙台梭利及其追随者的努力下，这一模式得到了完善，经过大量的实践，形成了成熟的模式，甚至在一个世纪之内得到普遍的认可和发展，成为当今世界上最著名的一种学前教育课程模式。其实，蒙台梭利教学法在很早就已经传入我国。据史料记载，20世纪初，我国一些发达地区的教育机构就已经采用了这一教学模式。在改革开放之后，尤其是进入第二个十年阶段，我国加大对学前教育的投入，国家也越来越重视学前教育，许多学前教育工作者为了推动教育改革，提高学前教育的内容质量，渐渐地将蒙台梭利教学法重新运用到教学中。在中华人民共和国成立初期，我国的教育模式完全向苏联看齐，这种教育模式是由特殊的政治环境导致的，随后在构建我国自己的学前教育模式环节中也吸取了其他国家和地区的成功经验。

20世纪90年代，我国再次掀起了蒙台梭利教育方法研究的热潮。蒙台梭利课程模式以自然主义教育思想理论作为基础，他们认为幼儿天生具备生命潜力，这种生命潜力在适应环境的过程中不断被挖掘，也是发展幼儿自我的一种教育方式。学前教育教师及家长要在生活和教育环境中为孩子营造正向的教育环境，让孩子在良好的环境中接受高效的教育内容，这样幼儿才能在教育环境中形成主动学习的意识与行为。一般而言，所有的教育活动都需要有所准备，并不是完全依靠教师或家长自我的认识与经验来进行的，因为教学活动有明确的目标，许多教学活动所要培养的内容十分明确，不能片面和简单地通过自我认识来进行教学，否则无法激发幼儿的生命力和潜力。蒙台梭利的教育课程包括的方面很广，其中有生活教育、感官教育、算术教育、语文教育、文化课程等。在这期间，教师在教学活动中注重对感官教育的培养，感官教育是多类教育中最为重要的核心内容。

蒙台梭利认为，感官活动在教学中非常重要，提升幼儿的感官活动，会让幼儿对外界的事物感知能力更加主动和敏感，这是提升幼儿智力的关键。可见，幼儿智力活动发展的需求与蒙台梭利教育课程的理念相契合，学前教育教师采取蒙台梭利的教学方法有利于幼儿的成长。幼儿阶段是感官发展的重要时期，它相对于其他阶段有着无可替代的地位。在幼儿阶段，学前教育教师与家长要懂得感官的发展规律和幼儿的成长规律，将两者结合，了解各阶段中幼儿感官能力的培养方法。这也是作为学前教育教师需要学习的一项重要内容。处于幼儿阶段的孩子心理敏感度要强于其他阶段，所以幼儿感官能力的培养非常重要。在这一阶段，学前教育教师在教学活动中要观察幼儿，适时的、适度的教育才能掌握幼儿的心理变化，才能引导幼儿形成完善的人格。学前教育教师在教学活动中要抓住教育时机，否则无法有效培养幼儿的学习行为。总之，错误的教学方法和教学模式会阻碍幼儿心理健康发展，并且教学内容也要按照科学化的指导，保证感官教育的实效性。为此，蒙台梭利还特别设计了一套专门用于幼儿感官训练的教具，同时也设置了相应的方式方法。

在幼儿机构设立的区域中要制定区域活动的规则，让幼儿在正确的规则中进行主动学习，这对推动幼儿成长有很大的帮助。好的活动材料与良好的教学环境是密切相关的，能够推动幼儿发展水平的提高。学前教育教师在教学活动中要像导师一样进行引导，确保幼儿在教学活动中能够主动学习，学习的内容包括操作用具和解决问题，幼儿适应了这两项教学内容后，便能够实现自主学习。自主的教学活动是高效的教学活动，可激发幼儿的各项潜能。目前，蒙台梭利的学前教育法已经形成了一套成熟完整的课程体系。教学活动中最为重要的一个环节就是准备活动，学前教育领域的教师及其他工作者要根据活动实施指导方案进行教学。不能依靠自我经验和感觉来开展教学活动，片面的教学理念与内容不会将蒙台梭利教学模式的功能发挥到最大化。所以学前教育教学活动想要具备较强的操作性，就必须按照活动实施来指导教学内容。为此，这一阶段很多学前教育教师加强了对蒙台梭利教育法的学习。

蒙台梭利教育法并非没有任何问题，许多学前教育教师在教学中使用该方法也会出现许多不受掌控的教育现象。随着时间的累积，缺乏有效的方法，往往会使教学问题积压得越来越多。比如在实际运行中，民办幼儿园为了增加生源，提高幼儿园的收入，会采取广而告之的模式，打着蒙台梭利教育法的幌子进行招生，过度追求科学教育法带来的品牌效应，而忽略了教学机构师资队伍的建设。从市场经济角度看待民办学前教育机构的这种经济问题，最根本的原因是市场环境竞争激烈，受社会负面风气的影响，幼儿机构越来越功利。同时，民办学前教育教师与公办学前教育教师的整体水平差距较大，除了发达地区的国际幼儿园以外，落后地区的民办幼儿园的师资队伍力量比较薄弱，这种情况在20世纪90年代成为学前教育中普遍存在的现象。学前教育机构师资队伍力量薄弱的根本原因在于专业性，许多学前教育教师并不具备专业的教学资格，尤其是关于蒙台梭利教育法，大部分教师根本不懂。此外，一些经过专业化教育的学前教育教师本身对蒙台梭利教育法的理解也不深刻，并没有把握其中的精髓。以上现象说明我国学前教育教师队伍在扩大的同时，教师整体的执教能力并没有得到明显提升。在教学实践中，教师很容易将蒙台梭利教育法的使用归纳到教育工具中，教育方法使用过程僵化，照搬硬套，不会变通，致使蒙台梭利教育法在许多教育场景中得不到灵活运用。作为学前教育教师，当学习到一种新的教学模式时，不要盲目地相信该教育方法，因为没有任何一种教育方法能够解决所有的教学问题，每一种教学方法都有自己的缺陷，蒙台梭利教育法也不例外，所以学前教育教师在开展教学工作时必须将以幼儿为主体作为教学规律来进行教学，根据教学中发生的实际问题制订完善的解决方案。同时，幼儿教学活动并不是针对某一个幼儿而开展的，幼儿教学活动本质上属于一种十分典型的群体性活动，在尊重群体性活动的基础上开展教学是符合教学大纲的，这也是对幼儿主体地位的尊重，确保幼儿在受教育的环节既能获得社会性发展，又能获得身心健康的发展。

在对学前教育实际教学过程进行研究时发现了一些问题，解决的方法普遍是对现有的教学内容进行复盘，反思教学过程中可能诱导问题发生的因素，这一过程除了可以帮助教师和研究者快速找到问题的解决方法以外，还能使教师正视自身的不足，激发在教学中对教学研究的动力。例如，蒙台梭利教育法存在的最大问题就是教育背景不同产生的差异，许多内容如果照搬硬套，就会使孩子们对西化教育内容产生抗拒，学习效果得不到明显的提升，这就违背了教育发展的宗旨，所以蒙台梭利教育法要中国化，要结合中国学前教育的现实情况及文化背景来进行，这才能将蒙台梭利教育法的长处发挥出来。从20世纪90年代起，蒙台梭利教育法中国化的工作就已经开始，并且在此期间获得了不少的教育成果，直到2000年年初，中国化的蒙台梭利教育法才逐渐成熟。时至今日，在几代教育者的努力下，经过三十余年的教学实践和研究，蒙台梭利教育法已经成为我国学前教育领域中应用最为广泛的教育方法，这也是西方教学方法中国化最为成功的典型案例。

可以看出，20世纪90年代我国学前教育的发展速度比80年代快许多，尤其是在国外教育法的中国化进程中，我国逐渐建立了学前教育的课程体系，课程内容越来越丰富，课程模式越来越多元，这些都是这一阶段典型的教育特征。在这一阶段，不少学前教育工作者和研究者发现，通过审视自身的不足，有需求、有目标地去吸收国外的教学方法和教学经验是必须进行的一项教学工作。同时，他们还认为国外的教育方法根植于不同文化背景，会带来不同程度的教学效果。在这一阶段，我国为了推动学前教育领域发展的科学化，构建学前教育可持续发展的模式，积极推动国外教育法中国化的工作，积极组织相关的教育专家到国外参加相关的研究，并邀请国外著名的教学团队来中国开展教育项目的研究和交流。除此以外，教育专家对国内本土的教学方法也进行了改良，并组织相关的研究者开展学前教育领域的研究，通过自主研究的方式建构属于我国的学前教育课程模式。

（二）国内现有的课程模式研究和开发

从20世纪90年代开始，我国越来越重视学前教育，同时市场经济也获得了新的发展。受市场经济的影响，民办学前教育机构成为一支新的教育力量，并成为我国不可忽略的教学组织。得益于市场化经济的蓬勃发展，学前教育迎来了新的局面。民办学前教育机构如雨后春笋般在中国大地上破土而出，这对推广学前教育普遍化起到了关键性的作用。在这一阶段，民办学前教育机构开始参与教育项目的研究和开发。为了完善现有的工作机制，不少民办学前教育机构通过与各专业院校合作、自主研究开发的模式构建属于自己的教育体系。在此期间，得益于幼儿园教育机构的发展，课程模式研究工作迎来了新的局面。在这一阶段，学前教育的研究内容逐渐转变为开发和研究课程模式，进一步弥补分科课程和综合课程的不足，找寻更好的教学路径。为此，学前教育领域的专家纷纷开展了学前教育综合课程的研究，在原有的教育基础上提出了综合性更强的教育模式，并且有多个教育模式在20世纪90年代的课堂上得到了实践检验。其中较为出名的有下列几个学校研究的项目。

南京师范大学的研究者在学前教育领域开展了整合分科课程项目，其中相近的科目成为学前教育领域一项重要的研究内容。该项研究细化了幼儿在学前教育阶段的学习内容，并将这些内容重新规划为五大领域，分别为艺术、科学、语言、健康、社会。细分出来的知识对学前教育教师提炼教学内容、开展教学活动有导向性的作用，幼儿在该教育模式下可以接受到更加全面的教育内容，在对各方面的内容学习中也具有明确的方向感，符合幼儿全面发展的基本要求。南京师范大学结合已取得的成果，围绕五大领域的分类要求制定了新的学前教育课程内容，编写了新的教材"幼儿园课程指导丛书"，希望对每一个领域的内容进行细分，让教师深刻认识到全面发展儿童的重要性，同时结合幼儿的成长规律，让幼儿的学习有方向感，让幼儿的成长获得全方位的助力。2001年《幼儿园教育指导纲要（试行）》颁布，该纲要是基于20世纪90年代学前教育发展的成就，根据已经形成的理论体系制定而成的。该纲要明确地将学前教育内容划为五大领域，要求学前教育教师根据纲领的内容实施教育，并针对这些内容给予明确的指示。领域课程与分科课程有明显的区别，领域课程从字面角度看似乎是分科类的教学模式。其实不然，领域课程是对现有分科教学的一次高度整合，培养方向的明确化是领域课程的独特优势，同时领域课程可以深度融合课程模式，有利于孩子的成长。分割出的各个课程也重新走到了一起，在领域的课程改革中模糊了彼此之间的界限，加强了各个课程之间的联系，学科的整合优势就显现出来了。比如，其他阶段分化的物理、化学、生物等课程都可纳入科学的范畴中，在幼儿园管理机构中发挥着明显的整合功能，各学科之间的联系非常紧密，不是人们常认为的学科的距离感，而是综合了各学科之间的价值，所以学科之间的整合不是拼凑，而是结合知识间的联系，会发现各学科的教育效果都很不错，这符合学前教育的规律，既尊重了客观的教育事实，又确保了以幼儿为主体的主观需求。

20世纪90年代，我国学前教育各学科整合工作迎来了新的发展机遇，整合内容的模式越来越成熟。但这并不代表这种学前教育模式就是完美的，从教学实践考察中可以发现还存在不少的问题，例如在教学中开展综合化的教学受到了一定的阻力。因此，不同领域之间由于缺乏联系，需要持续地巩固来形成新的关系。"分科实施"的教育观点得到了教育保守者的支持，原因就是综合实施教学存在的问题尚未解决。此时，"综合之形""分科知识"的时代正式到来。

20世纪90年代，我国在学前教育理论的研究过程中，除了要持续探索综合化课程以外，还要参与其他领域的融合教学研究。比如，幼小衔接的教育理念已经成为这个时期部分研究者的重点内容，他们将眼光放到了下一个阶段，这代表着我国学前教育在20世纪90年代迎来了一股新的研究风潮。虽然这股风潮在20世纪90年代并不明显，但进入21世纪之后，便成为主导新时代教学研究内容的一个重要组成部分。此外，还有一些教育工作者为了加强教学主体研究内容，将教学视角放置于幼儿身上。幼儿的天性是好奇心较强，对外界的活动感知能力较强，因此他们对活动与游戏十分感兴趣，甚至在一定的时间内，活动与游戏主导着我国学前教育研究的主要方向。于是在这一个阶段，活动课程和游戏课程便产生了。活动课程和游戏课程是结合幼儿自身的发展规律及幼儿的行为特点，根据当下的教学内容及教学主体化的转变来进行教学的，这是课程模式化、多元化的来源。

活动课程重视培养幼儿在教学活动中的自主学习能力，活动所吸取的各类知识被赋予为幼儿的第一经验，幼儿在这种教学环境中会提升自己解决问题的能力，对问题的解决和疑惑会产生联动能力。既能开发幼儿的自身潜力，又能使幼儿在解决问题的过程中形成自主的学习行为，这被称为自由活动的经验来源。这部分的实践经验是根据杜威实用主义教育思想和列昂节夫活动理论产生的，体现在课程上就是幼儿的自由活动。学前教育教师可以自己开发一些游戏，或者通过了解到的游戏进行组织与玩耍。在活动中，幼儿的组织能力和游戏能力均会得到提升，幼儿对活动中所需要的一些材料的使用也会产生一定经验。因此，在这一阶段，学前教育教师通过活动课程的方式，培养幼儿"在做中学，在学中做"的思维。活动课程以幼儿为中心。幼儿作为活动课程中的主体，所有的幼儿共同参与一个活动的过程，会增强彼此的合作与交流，幼儿对学习的内容也会十分感兴趣。活动一定要围绕幼儿的兴趣开展，幼儿在被动需要和主动需要的感知环境中做出学习的认知，也就是在活动中可以自由地选择活动的内容，可以自主地进行活动，自主性已经成为活动课程中的核心要义。同时，教师的引导性也不可忽视，教师在活动课程中作为引导者对活动的场景可以进行有效的设计，对活动的内容进行调整，并且在活动之外还要观察幼儿的行为和心理变化，这对学前教育教师来说是必须具备的一项教学能力。幼儿在活动中可以根据游戏及事物发展情况来获取经验，教师在这一过程中要进行有效的引导，在活动中挖掘教学内容的潜力，很多幼儿园的特色课程就是通过设置活动区角及开设课程模式的方式来进行的。

活动课程在每一个阶段都能够激发孩子的潜力，我国的基础课程体系也由此得到完善。活动课程主要是培养幼儿的主体性，让幼儿能够主动学习，主动参与生活环境，幼儿的自主性、创造性都能被激发出来。活动课程旨在进一步通过将现实中人们所产生的一些生活经验融入课程中，让人们的生活环境与校园的教学环境融合为一体。孩子在这种环境中，除了激发自己的主体学习行为外，还能够积攒出许多的生活经验。比如在日常生活中常见的烹饪、植物栽培、裁缝等，都可以激发幼儿形成自主学习意识，让幼儿在活动课程中获得经验。无论未来生活有多大的变化，幼儿都能在这一阶段建立起良好的应对心态，以及解决问题的勇气和决心。活动课程与其他课程的最大区别就在于活动课程没有一项固定的课程内容，也没有明确的进度要求，都是根据幼儿自发性的学习行为来进行引导的，所以在活动课程中，幼儿的自由性和随意性较强。

21世纪初，我国的游戏课程迎来了新的发展，并根据五大领域的发展方向设置了许多特色的课程内容，根据这些课程内容来引导幼儿形成自主探索、自我表达的学习行为，使幼儿的基本学习经验得到有效保障，幼儿在各个阶段通过活动课程所获取的经验也非常客观。[1]游戏课程，顾名思义是通过游戏化的教学方式，让幼儿在活动中进一步激发自身的多方面潜力，发展多方面的兴趣。幼儿身心和谐的发展来源于在生活和游戏化的教学中汲取对外界知识的学习，所以游戏化教学模式是游戏课程中的一部

[1] 张雪萍. 学前教育"保教并重"原则的反思与重构：评《学前教育课程论》[J]. 中国教育学刊，2016(9):145.

分。而游戏中最主要的价值就是系列化、生活化、结构化、规范化、技能化。在制订活动方案时，要根据上述几项内容，围绕教学主题，让孩子在游戏中既能长知识，又能获得活动经验。幼儿学习的内容并不是课本知识，而是来源于生活中的经验。要想实现幼儿身心和谐发展，满足当前社会对幼儿发展的要求，就需要制定符合幼儿园教育目标的教学内容。游戏化课程是以培养幼儿身心和谐发展为目标的一项教育课程。在该课程中，教师要为幼儿提供真实的环境，通过模拟的方式来学习各种知识。在教学活动中，幼儿可以通过学习的方式来模仿其他人，也可以通过其他人所带来的一些生活经验而丰富自身的经验。游戏化的教学活动一定是以学习为主导、以娱乐性为辅的一种学习方式。这种学习方式既能帮助幼儿提升对学习的兴趣，又能帮助幼儿在游戏中加强对互动性的认识，从而使幼儿的教育效果达到最初的教育目标。

五、我国学前教育内容多元化发展时期的主要特征

自20世纪90年代起，我国学前教育领域的发展有了新的方向，学前教育教师在《幼儿园工作规程（试行）》的指导下开展多元化的教学活动。许多学前教育工作者为了参与改革的浪潮，通过采取教育实践研究等方式来进行研究工作。在该阶段，学前教育的研究方向是在中西方融合教学过程中积累经验，为此引进了不少的西方学前教育内容，并且在融合的过程中我国的学前教育体系也得到了逐步建立与完善。西方许多教育理念与我国传统的教育观念有明显的差别，这种差别是建立在认知差别、文化差别的基础之上的，而学前教育发展存在问题的根本原因是教育方式与培养方向上存在差异，可以说西方的教育观念在改革开放的浪潮下涌入我国，对我国现有的教育观念产生了极大的冲击，尤其是学前教育阶段的教育主体和教育方式发生了明显的转变，并在转变的过程中形成了新的理念体系，极大地提高了教育的质量，教学的内容也越来越丰富，在充分尊重幼儿主体地位的前提下提升了幼儿学习的兴趣。同时，除了在吸收外国教

育方法和经验之外，我国还根据现有的社会需求和社会发展方向，结合实际教学环境，积极开展新的教育理论项目研究，自主研发的新型教育课程模式也是这一阶段的重点。

在对当时的文献资料进行研究中可以发现，20世纪90年代，学前教育教师在教学中做出的改变非常大，他们不仅扮演着教育者的角色，很多时候还是引导者、研究者。在学前教育课程模式创新的研究中，许多教师认为课程模式的建立不能仅仅局限于单纯的推演和设计，或者是经验上的总结和判断。可见，这一阶段的学前教育教师在教学中的实践能力较强，对新的教学课程有研究的动力，通过长期试验的方式获得了不少成果。

西方先进的教学理念在进入我国后影响了学前教育方式，尤其是民间的学前教育机构受到的影响更为深刻。我国幼儿园在这一过程中为了将西方的教学模式中国化，开展了对西方教育理念的研究与学习。陈鹤琴、张雪门等老一辈教育家在教育实践中获得了丰富的教学经验，同时他们也是我国最早接触外国教育观念的一批人，在西方教育理念和中国教育理念融合的研究中取得了不少理论与实践的成果，为我国学前教育多元化发展奠定了良好的基础。

教育者并非简单地传授知识，而是在知识的教授过程中通过已有的教学方式帮助受教育者建立多方面发展的基础，如情感基础、认知基础、人格基础等。在教学研究时，越来越多的教育者认为无论何种形式的教学方式和教学理念都不能抛弃中国自身的文化内涵，只有立足于中国文化，才能培养出更多与中国命运紧密结合的人才，这是文化方面的爱国主义教育，是启迪中国人思想觉醒的重要路径。比如这一阶段综合课程、领域课程、活动课程、游戏课程等教学模式的应用，推动了学前教育领域的进一步发展。虽然还有很多的教育模式仍需要完善，但是在不断的研究中，许多困扰教育工作者的问题在日后的一段时间内都会得到解决，因为单一的教学模式导致教学僵化的问题在20世纪90年代得到了明显的缓解。尽管还有许多教学内容仍需要更多教育者去补充和完善，但是从实践的角度来看，我国学前教育将会从创新的角度重新出发，国内学前教育"百家争鸣"的时代将会到来，多元化的学前教育观念也将不断地提升我国学前教育的整体教学质量。

第三节　我国特色学前教育课程模式初步构建阶段

2001年9月，《幼儿园教育指导纲要（试行）》正式颁布，确定了学前教育工作者的日常工作内容和工作流程，明确指出当前学前教育教学中存在的不当之处，正因如此，我国学前教育课程模式的初步构建拉开了帷幕。课程模式作为学前教育中主要的教学环节和内容，也是课程理论实施的主要载体。课程模式的改革创新非常重要，许多教育领域的研究者对此非常重视。例如，厦门市思明实验幼儿园在这一阶段开发的特色课程，对开发孩子的潜力有极大的教育效果。该幼儿园将其开发的特色课程称为"主题探究活动课程"，顾名思义主题探究活动课程是给予孩子主动活动培养的环境，同时让孩子在固定的主题探索中建立知识的认知体系。这类教学方式在很长一段时间内得到了许多幼儿园的重视与应用，成为风靡一时的课程模式。又如，南京师范大学开发了"渗透式领域课程""生态式综合课程"；宁波市梅山中心幼儿园开发了"田园课程"；等等。上述这些学前教育课程模式是在已有的教学课程模式的基础之上进行的创新和改革，这极大地丰富了我国学前教育的课程模式类型和课程体系。2001年至今，我国的学前教育课程模式正在逐渐向新时代的方向发展，其特点是现代化、多元化、特色化。

一、学前教育课程模式初步构建背景

2001年，教育部先后印发了《基础教育课程改革纲要（试行）》和《幼儿园教育指导纲要（试行）》。这两份文件的颁布奠定了这一阶段我国学前教育课程模式未来的改革方向，同时指出在改革过程中需要注意的问题，进而在教育改革的过程中制订有针对性的解决方案，推动国家、地方、学校三级课程管理机制的建立，让地方和学校的教学研究工作具有更强的操作性，尤其是在课程建设中可以做到自主性，让课程的实施能与孩子的成长规律深度结合，具备适应性。可以说，上述两份文件的颁布对学前教育的发展起到了关键的作用，也表明了在今后一段时间内，从国家制度层面上为各地区开展学前教育和园本课程构建给予相对宽松的政策环境和发展空间，许多地区的幼儿园在这一阶段开始了园本课程开发的风潮。同时，《基础教育课程改革纲要（试行）》和《幼儿园教育指导纲要（试行）》指出，学前教育教师在教学中要结合时代特点进行教学，各个地区的教育部门和教育机构要结合本地区的教育背景，根据幼儿的需要设计相应的园本课程。园本课程创建要以幼儿为主体，积极满足幼儿的实际需要，学前教育教师在创建课程模式中可以选择各种类型的课程模式，许多优秀的课程模式在这一阶段涌现。例如，成都市机关第二幼儿园开发的情感类型的教育课程体系，在经过长期的实践之后，得到了许多家长的一致好评。又如，广西机关第三幼儿园开发了情景体验课程，南京梅花山庄幼儿园开发了民间艺术教育体系，青岛市开发区第一幼儿园开发了绿色教育课程，等等。上述优秀的课程模式受到了许多地区幼儿机构的借鉴，这一阶段我国的学前教育课程模式正逐渐朝着多元化、特色化、个性化方向发展，实现了我国特色学前教育课程模式的初步构建。

二、中国特色学前教育课程模式初步建立

进入21世纪之后，教育成为国家立足世界的根本。知识与人才、民

族素质、创新能力成为一个国家综合国力的重要标志。在新时代的学前教育工作开展中，国家对教育内容的制定及教育纲要的完善投入了巨大的人力和物力。可以说，一个国家如果能够抓好教育工作，就能够在未来一段时间内在各领域做到稳定发展。可见，教育在国家发展过程中的重要性是不言而喻的。要想培养创新型人才和高素质人才，教育是唯一的根本途径。学前教育与其他阶段的教育同等重要，学前教育培养的是幼儿，幼儿在成长之后会逐渐在其他阶段不断完善自身的人格。所以，开展学前教育工作，推动学前教育高质量发展，能够有效地提升全体人民的素质及国家创新能力，尤其是在世界经济一体化进程不断加快的现实背景下，在市场环境中，各个企业之间的竞争、各地区之间的竞争、各个国家之间的竞争，都取决于对教育领域人才的培养。要想赢得市场主动权，就必须抢占国际竞争的制高点，而制高点一定是在教育方面的投入。学前教育在这一时期受到国家和地方政府的大力支持，许多民办教育机构及公办教育机构不断完善现有的教学设施、教学用具，为学前教育机构提供了源源不断的师资力量。

国家的发展与前进源于教育对人才的培养。一个国家的落后从侧面证明了这个国家教育的落后，如何改善这一问题，关键就在于解决教育问题，而教育问题的解决依赖于国际化教育的发展，并结合国情来制定现有的教育框架。

学前教育作为基础教育的重要核心阶段，其发展奠定了其他教育的基础。如何保持学前教育在改革的浪潮中挺立潮头，探寻发展，就要保证学前教育体系本身的价值、理念，最终才能构建属于中国的学前教育体系。学前教育课程模式化的改革与其他教育内容同等重要，但从实际的教学环节中可以发现，课程是学前教育教学改革的关键。[1]学前教育的课程

[1] 武玮．学前教育课程理论对学前教育教学的影响：评《学前教育课程论》[J]．新闻与写作，2016(10):130-131.

模式改革受到地方政府及其他社会机构和家长的重视，且在这一期间，家长与教师会共同参与幼儿的教育。随着高度的关注和多方的参与，学前教育发展在一段时间内会得到极大的人力、物力投入。尤其是在《幼儿园教育指导纲要（试行）》的指导下，学前教育课改工作立足我国的基础之上，结合幼儿发展规律，以及目前幼儿对时代的需求等各种因素下开展课程模式创建，就成为这一阶段最主要的工作内容。

学前教育对幼儿的培养方式是多方面的、全方位的，是符合教育规律的。21世纪初至今，在学前教育发展中，许多学前教育教师为了更好地加强与时代特点相贴合的教育课程，纷纷开展了课程研究。在这期间，特色课程不断涌现，许多学前教育教师对课程模式创建也有了更深的认识。同时，随着专业化教师队伍培养的助力，不断涌现出更多的优秀教师。这些优秀教师在进入教学工作之后，通过自己的实践能力和研究欲望，逐渐加大在学前教育方面的改革力度。正因如此，新时代的学前教育教师成了新一轮改革的主体力量，老教师在20世纪八九十年代的学前教育经验的基础之上也开始了不断的探索。在此过程中，无论是新教师还是老教师，在课程研发过程中都会选择合作，他们既会不断完善现有的课程内容，也会根据地方特色和时代特点创建出一批新型的教育课程。在此期间，外国与我国之间的文化交流、教育交流也在不断加深。文化之间的交流是建立于文化背景之间的一种理念交流，而教育背景之间的交流一定是根据现有教育发展需求及社会发展需求、幼儿发展需求相结合的一种新的教育方式。所以自21世纪初，各地区都开展了许许多多的课程模式创建工作。多种多样的教学活动和课程模式在这期间不断地涌现出来。许多地区的学前教育教师为了加强对先进地区的幼儿教学经验的学习，他们会通过互联网及线下交流和讨论等多种方式来强化和掌握一些相对先进的教学经验和方式。可以说，学前课程模式的多样化，加强了课程本身的生活性、文化性、适应性特点。与20世纪相比，21世纪教育在经过100年的发展变化中，许多学前教育教师参与对实践教育的研究，不断地将学前教育的发展提速。在2015年之前，我国的学前教育课程活动已经呈现出多元化的状态。近年来，绘本等新型教育工具也走进了课堂，成为学前教育教师在教学过程中使用的重要工具。新课程与新型的教育工具类别众多，对学前教育教师来说要有很强的判断能力，因为不是所有的教育用具都适用于每一项教学内容，要通过渗透式领域课程生态和融合课程的研究工作来强化对现有课程的认识和了解，最终推动学前教育再上新台阶。

三、学前教育特色模式初步创建时期的变化及局限性

自20世纪80年代初到90年代，我国学前教育的进步主要来源于中西方的交流与自主探索。进入21世纪之后，我国的学前教育发展源于对新的课程理念的研究及新课程模式的创建。在这种创建过程中，也不乏对他国经验的学习及对本土化的创造。可见，在探索和创造的过程中，建构我国学前教育体系是我国学前教育课程模式变革的主要路线。在这一阶段，我国与外国的学前教育理念产生了碰撞，在学前教育理念方面也产生了许多激烈的争论。在争论的过程中，不断加深我国学前教育工作者对教育的认识。一批积极创作和构建本土化学前教育的研究者在此期间登上了教学舞台。同时，一批从事国外先进教学经验及教学模式研究的工作者从来没有放弃探索，他们尝试通过研究和实践的方法来改变我国学前教育的现状及解决当前存在的问题，他们用实际行动去改变和发展学前教育。总体来说，我国学前教育特色模式在初步创建时期存在以下变化。

（一）"国际化"与"本土化"共生

借鉴国外与本土化探索相结合是我国学前教育课程模式变革的主线。自1903年我国第一所学前教育机构——湖北幼稚园建立以来，我国学前教育工作者一直在积极学习国外先进的教育理论和实践经验。随着教育全球化时代的到来，我们将继续引进和借鉴国外学前教育理论和实践研究

的新成果，并根据我国的实际情况进行本土化的改造工作。除了前文所介绍的主题式探究活动、渗透式领域课程和生态式融合课程外，其他的学前教育课程模式都是"国际化"和"本土化"共生下的产物。例如，"情景体验课程"是在建构主义的情景教学观基础上，结合幼儿园自身特点构建而成的；"田野课程"是在吸收皮亚杰建构主义、生态主义教育观、瑞吉欧方案教学后自主研发而得的；"开放课程"则是瑞吉欧"生成课程"、美国"呼应课程"同陈鹤琴"活教育"、陶行知"生活教育"等课程思想结合的产物。一方面，各类国外学前课程模式的引进推动了我国学前教育课程模式的多元化发展。另一方面，我们必须清楚地认识到学前教育课程模式本土化改造是一项极其复杂的工作，舍弃对国外学前课程模式的盲从，构建能进入国际视野的中国特色学前课程模式任务仍然艰巨，是当前学前教育工作者为之奋斗的长期目标。

（二）课程模式"融合化"发展

课程融合（也称为课程整合、课程综合）是现今各国基础教育课改与发展的共同趋势，也是我国正在建设的一种新兴课程形态。中华人民共和国成立之初，教育领域向苏联学习，主要体现在学习其分科教学和直接教学法。长此以往，分科教学割裂学科间的联系，忽视儿童整体性发展，"小学化"倾向严重等问题更加严重。对此，加强知识领域间的联系，使知识贴近幼儿生活的课程融合便成为我国学前教育课程模式改革与发展的重要内容。纵观我国学前教育课程模式十余年的发展历程，无论是我国自主研发的特色课程模式，还是从国外引进的先进课程方案，虽然名目繁多，各有各的理论基础、课程体系和教育实践，但其发展实质都是走向融合。课程模式的融合有两种：一种是某类课程模式各组成部分间的整合；另一种则为不同课程模式间的融合。更多的学前教育工作者意识到，任意一种课程模式都不具备绝对的适宜性。我国大多数幼儿园实行的是多种课程模式并存的教育形式，并根据幼儿园自身发展定位、儿童发展需要有所侧重，希冀在建立幼儿园特色的同时实现各种课程模式间的优劣互补，促进幼儿和谐发展。

（三）"园本化"及其困境

从20世纪90年代起，我国幼儿园课程改革历程几乎就是幼儿园园本课程研究的历程。优秀的园本课程作为一种实践的课程模式，在一定程度上比统一课程更具适宜性和科学性，更有利于幼儿的个性发展、教师的专业成长和幼儿园课程品质的提高。2001年印发的《幼儿园教育指导纲要（试行）》指出，幼儿园教育活动的组织与实施过程是教师创造性地开展工作的过程，教师根据《幼儿园教育指导纲要（试行）》从本地、本园的实际情况出发，制订切实可行的工作计划并灵活执行。在主张课程决策民主化、课程多元化和个性化的背景下，全国各地越来越多的幼儿园开始关注和投入园本课程的开发和建设工作中。许多有条件的幼儿园基于国家和地方的课程政策，立足本园实际，从幼儿的兴趣出发，调动多方力量参与园本课程的开发工作，成果累累。然而，仍然存在一些幼儿园盲目跟风，急功近利，大搞特色，误解园本课程内涵，缺乏课程开发条件，落入为了开发而开发的怪圈，最终制造出一些粗制滥造的课程，其实践效果并不尽如人意。

园本课程开发是21世纪至今我国幼儿园课程改革和实践的热点，更是今后课程发展的重要取向。幼儿园不断尝试构建园本课程的精神实属可嘉，但也应清楚地认识到园本课程的开发难度大，要在一定学前课程理论的指导和开发条件下，根据园情和幼儿需要，规划、实施和修正课程。课程模式作为一定课程理论基础上形成的有着特定课程结构和课程功能的课程范式，要求则更高。如何实现园本课程的科学开发，构建优质园本课程模式仍需要进一步的深入思考和实践探究。

21世纪至今，我国学前教育工作者更加注重课程模式本土适宜性的提高。一方面，我们紧跟国际学前教育发展进程，不断引进课程模式研究的最新成果，并对这些新兴课程模式展开本土化改造工作，增强其适用性。另一方面，幼儿园立足自身实际，借鉴国外课程模式中有益的教育理念，探索个性化、特色化的园本课程，其中不乏优秀的园本课程模式。总之，在该阶段，学前教育课程模式中国化色彩浓厚，实现了中国特色学前教育课程模式的初步构建。

第四节　我国学前教育课程模式发展展望

纵观我国学前教育课程模式改革的发展历程可以看到，无论是在对外国教学经验的吸收上，还是在本土化的引进和改造过程中，我国的学前教育课程模式逐渐得到了多元化的发展。此外，在这期间，课程模式建设总结出的经验也得到了许多国外教育者的认可，也证明我国的教育在过去的40多年里迎来了突破性的发展。在40多年的教育改革过程中，学前教育的发展在这方面证明了国家经济实力稳步提升，也证明了中国在教育方面的投入力度。学前教育的改革主线就是中国化的本土实践教育及本土化研究教育，这是发展过程中必须正视的方向和所要解决的问题。一些对国外课程模式盲目推崇的教育者，在这期间也不断地被学前教育的发展大潮淘汰，另一些对学前教育认识更为深刻的教师走上了教学舞台，专业的教师队伍培训学校也加强了在这方面的教育和培训。完全西化的教学模式会使我国的学前教育失去本来的特色，而完全依赖于本土化的教学内容也并不会获得更大的进步。习近平总书记在2016年哲学社会科学工作座谈会上讲道："要坚持古为今用、洋为中用，融通各种资源，不断推进知识创新、理论创新、方法创新。我们要坚持不忘本来、吸收外来、面向未来，既向内看、深入研究关系国计民生的重大课题，又向外看、积极探索关系人类前途命运的重大问题；既向前看、准确判断中国特色社会主义发展趋势，又向后看、善于继承和弘扬中华优秀传统文化精华。"

总结前文，可以看到学前课程教育模式的发展是根据现有社会的需要、先进地区经验的改造来进行的。因此，教育在我国的重要性已经远远超出了对人最基本的培养，要按照教育本身的科学化发展规律来进行。我国一定要立足于我国的实际来进行教育，要通过对国外经验的吸收，挖掘本国的历史，从而把握当代社会发展的脉络进行教育改革工作，这对推动学前教育再上新台阶有很大的帮助。

目前，我国在学前教育发展过程中，逐渐加深关怀人类、面向未来的教育思路，通过着力构建中国特色哲学社会科学体系的方式来指导中国本土教育的发展。学前教育在这样的环境下得到的发展是稳步向前的，这充分体现出我国的学前教育特色。构建中国特色社会主义哲学社会科学体系是在新时代背景下学前教育发展的第一目标。我国学前教育发展应当继续根据历史发展的规律，以及对未来世界教育发展的脉络来进行探索，最终创建出符合时代需求、符合幼儿成长规律的教育课程模式。所以，坚持本土化和国际化两条腿走路是学前教育发展过程中必须遵循的基本要求，中国化的学前教育要扎根于中国文化，要立足于我国的国情，只有如此，才能解决我国的学前教育问题及社会各领域问题。在打造学前教育特色课程模式时，要加大对质量方面的投入，只有如此，才能构建出中国特色的学前教育课程体系。

需要注意的是，在未来学前教育发展过程中，要想实现真正的国际化，就不能局限于对国外教育课程模式的研究，还要通过在研究过程中提出新的教育理论，引导世界学前教育向前发展，为世界学前教育发展提供中国思路，为学前教育事业的前进做出中国贡献。中国历经40多年的改革开放，已经加深了与世界之间的融合，许多教学内容和教学体系在这期间不断地被完善和构建，在课程创建主导的大前提下，许多学前教育教师提出了许多精彩绝伦的教学思路，这对发展学前教育来说有极大的作用。未来我国在发展学前教育时一定要继续加强对课程模式的创建要求，在个人创建过程中注重原创，加强对特色的挖掘，在构建基本的教育体系下，建构能影响幼儿终身的教育课程模式。因此，个性化、多元化的发展要求便成为未来我国学前教育课程研究的主要方向，世界各国也可以通过交流借鉴我国的学前教育理论，倾听我国的教育之声。

第六章 学前教育课程的设计与开发
——以"学思维"活动课程为例

第一节 学前教育课程的设计与开发

一、学前教育课程开发的理论基础

对课程的整体开发流程而言，开发的重要依据来自相关的理论基础，众多的理论基础会作为课程开发的重要思想指引。课程开发的理论基础的引导作用贯穿于课程开发的整个过程，对制定课程目标、选择课程内容、确立课程的实施与评价等各方面产生影响。[1]

本书中所提到的"学思维"活动课程的思维结构理论基础来自四个课程理论，分别是"皮亚杰的认知发展理论""林崇德思维培育思想""维果斯基的文化社会发展理论""胡卫平基于林崇德多元智力理论"。

根据多元智力理论所建构出来的思维结构模型是一个立体的三维模型。其中，X轴是"内容"轴，且以知识内容为主，包含科学、语言、数学、社会、艺术等在内的众多学科，除此之外生活常识也包括在内，这是因为思维的能力训练与各种内容息息相关，而内容又几乎涵盖各个领域。Y轴是"方法"轴，即思维的方法，其可以通过区分形式来进行划分，因此可以分为创造性思维、抽象思维及形象思维。其中，创造性思维能够根据方法的不同，划分成头脑风暴、迁移、类比、发散、重组、对比、突破定式等；抽象思维可以再次细分，包含抽象与概括、归纳与

---

[1] 江盼，张宝臣.近十五年来我国学前教育课程开发热点研究述评[J].浙江工商职业技术学院学报，2016，15(3):81-86.

总结、比较与分类、分析与综合、哲学思维、推理等；形象思维可以进一步划分成不同的具体思维方式，如联想、想象、空间认识等。Z轴是"品质"轴，代表的是思维的意识品质，其中就有敏捷、灵活、批判、独创、深刻这几个不同的面相。

从特点进行研究，可以发现该模型共有三个较为明显的特点，分别是整体性、动态性与静态性统一及自调性。其中，整体性是指思维结构的整体性，是由于思维的内容、方法与品质三者之间形成了相互依赖与制约的状态，从而成为能够一起发展的有机性整体。动态性与静态性统一是指该模型作用于某一主体时，在发展的过程中某些特定时期或阶段是较为稳定的状态，然而当主体随着时间不断地扩充知识领域、扩大知识范围，进而增强思维品质，进一步完善思维方法，达到思维能力的发展时，具体的思维内容也会因此而发生相应的变化，且这种变化展现出了一定的规律性。自调性是指在这个模型当中，不同的成分之间能够做到自我调节，在自身的内部根据规律做出反应。

通过分析该模型，可以得到一定的指引与启示。首先，思维并不是单独存在的，而是一个有机的整体，由思维的内容、方法及品质这三个方面构成。因此，我们在思考如何提高思维培养时就应当充分地对这三个不同的思维要素进行分析与考量。其次，培养思维并非纸上谈兵，而应当在具体的教育情境中进行，要在教育教学、传授知识及与孩子们互动的过程中融入思维培养理念与方式。最后，思维主体在成长的过程中，其内部结构也会发生变化，这一模型结构也需要随之改变。因此，在实际的教育教学过程中，要根据教育对象的不同合理地适应该结构，以此来帮助每一个不同的个体得到适宜的发展。

从课程开发的科学性来看，开发的过程必须遵循一定的教育对象发展规律，学龄前儿童的思维发展有着不同于其他年龄阶段的发展特点。因此，将学前阶段"学思维"活动课程作为学前教育课程开发，就应当从学龄前儿童的思维发展特点出发。

学龄前儿童的思维发展仍然处于幼儿阶段,该阶段的发展水平是以婴儿时期的思维水平为基础的,同时也会受到婴儿时期思维水平的制约,因此对该阶段的儿童施加新的生活条件的影响十分重要。在西方,有大批学者对幼儿时期的儿童思维发展进行了相关的心理学研究,其中最为重要和杰出的成果是皮亚杰的认知发展理论。皮亚杰将认知的发展分为四个阶段。其中,第二个阶段就是"前运算阶段",处于2~7岁的儿童的思维属于该阶段,这也正是学龄前儿童所处的发展阶段。该理论认为,处于"前运算阶段"的儿童,在思维上主要以表象性思维为主。这种思维有以下几个特点:①自我中心性,即学龄前儿童在思考事物时会从自己的角度及经验来理解事物,思维缺乏整体性与一般性;②相对具体性,处于该阶段的儿童依然在思维活动中运用表象;③思维不可逆,即该阶段的儿童没有守恒的概念,不能进行逆向思维及逆向运算;④思维刻板性,即该阶段的儿童的注意力的范围和维持时间都有限,在概括事物的特性时并不懂得等级概念。除此之外,苏联心理学家维果斯基还通过对学龄前儿童进行实验研究发现了该阶段的儿童的思维具有具体与形象性的思维图式。我国的心理学家也针对学龄前儿童的思维发展进行了研究,研究主要围绕"思维的材料与思维结果""思维的发展过程""解决问题的能力""语言对思维产生的作用"等展开。

学龄前儿童的思维的基本特征是以具体形象思维为主,且可能发展出初步的抽象概括能力。其中,"具体形象思维"其实是指处在这一思维方式中的儿童,其联想是根据具体的事物形象或表象为基础而展开的,他们还没有掌握概念、逻辑推理、判断这样的思维,因此在理解事物的过程中无法了解事物的联系与本质。虽然处于该阶段的儿童思维还没有建立完善,但是其思维发展也是不断进步的。具体而言,可以归纳总结出以下四个不同的特点。

第一,学龄前儿童思维最重要的特点就是"具体形象性",处于该思维阶段的儿童根据具体的事物形象及表象来理解事物,而非从理性的逻辑角度，对概念材料的了解也不足。在学前阶段，儿童的思维仍然以直观行动为主，但是如果与3岁以前的儿童相比较，学龄前阶段的儿童的直观行动思维也具备一定的概括性，这是由于儿童的语言水平不断发展的缘故。除此之外，3岁以后的学龄前儿童在解决直观问题时也与3岁前的儿童表现不同，他们具有更高的复杂性与自觉性。不过，学龄前儿童的思维成长并非一成不变，而是不断进步、循序渐进的过程，由直观的行动向具体想象思维发展，直到完成向抽象逻辑思维的转变。然而，学龄前儿童的抽象逻辑思维还缺乏整体性，只是处在萌芽阶段，因此学龄前儿童的思维形态仍然以具体形象思维为主。

第二，学龄前儿童的思维开始转向抽象逻辑思维。当学龄前儿童能够在成长过程中接受正确的良好教育，那么伴随着时间的推移，学龄前儿童的知识储备、实际经验和语言水平都会持续增长。其中，语言水平的进步将会带动内部言语能力的成长，这会导致学龄前儿童在认知活动中，其具体形象思维成分越来越少，而抽象思维、抽象概括的水平则会逐渐发展，促成学龄前儿童呈现出抽象逻辑思维开始萌芽的状态。不过值得一提的是，该阶段的儿童自觉性仍然不高，思维不能自觉调配和调动，因此并没有彻底地从具体形象思维转向抽象逻辑思维。

第三，在学龄前儿童思维的不断发展过程中，言语的作用越来越大。伴随着学龄前儿童的生理发展，大脑中关于言语的部分也更加活跃，在使用语言的句法及塑造语言结构方面持续发展，同时思维的概括性也越来越强，开始具备一定的逻辑性与整体性。不过，学龄前儿童相比于年龄更年长一些的儿童而言，其语言的句式及结构等仍然较为简单、零散，多以简单的短小的单词为主，但是由多个单词组合而成的句子成分及"言语色彩"会逐步发展，句子中所表达的情感会越来越丰富，并且表达的方式也向着更加灵活的方向发展。具体而言，处于该阶段的儿童，其句法的结构也有着一定的发展趋势，即从较为模糊、不严谨的句法结构开始转向为清晰的表达。与此同时，随着学龄前儿童思维的持续发展，其行动与言语之间的关系也将发生变化。从相关的实验中可以发现，小班的儿童通常会在结束某一个动作之后才有可能运用言语将动作讲述出来，这种滞后性是由于小班的儿童的思维所决定的，即动作依然受到表象与视觉映像的影响与调节，在该年龄阶段言语无法产生重要作用。而到了中班阶段时，大部分儿童可以做到一边说话，一边做出动作，但是这一阶段的儿童的语言计划性依然有待提高。到了大班阶段，儿童则能够在动作开始之前就做出预判，对即将要完成的事情有较为明确的了解和认识，能够将自己的想法表达出来，说清楚自己即将要做及打算完成的事情的结果。可以看出，大班的儿童已经拥有了一定的行为目的性与计划性。

第四，儿童发展的每一个阶段内都有成长的关键期，而学龄前儿童的思维活动及思维水平的成长关键期就在五六岁时。从五六岁开始，儿童的思维活动水平就进入了快速成长的阶段。

根据上面的基础理论可以发现，"学思维"的活动课程实质上就是从孩子们的思维发展规律、思维发展阶段性特点出发，非常重视情境性的创设，以及强调训练出正确的思维品质及思维方法。

二、学前教育课程目标设置

在整个学前教育课程的开发过程中，最为基础也最为重要的工作就是首先要完成课程目标的确立。课程目标不仅是学前教育目的能否实现的基础，也是为课程的设计与开发确立明确坐标的"敲门砖"；在选择与组织学前教育课程内容时，课程目标也将成为重要的依据；在学前教育的实施过程中，课程目标是检验实施有效性的标准；而在课程结束以后，课程目标是评价课程是否达标的重要依据。[1]要确立课程目标的具体内容就应当对很多不同维度的因素进行考量，这就对课程目标提出了相应的要求。第一，学前教育课程目标的存在应当能够衔接好学前教育课程的教育目的及教育培养目标之间的关系，保障二者具备可以实现的可能性。第二，最终确立的课程目标应当根据教育对象，即学龄前儿童的发展规律

[1] 方杰.试论学前教育课程的改革创新 [J].赤峰学院学报（自然科学版），2016，32(11):199-200.

与发展阶段来设立，保障学前教育课程目标对学龄前儿童发展的积极作用。第三，学前教育课程目标应当根据学科的发展顺序来确立，确保其符合社会发展的需要。因此，要想学前教育课程最终的制定结果行之有效，就必须针对几个不同的维度来展开深入探讨与研究。

对学前阶段的儿童而言，"学思维"的活动课程的总目标是训练儿童的思维品质，让他们在具体的情境中通过学习来领悟思维方式，从小开始培养儿童的创新思维意识，为社会培养创新型人才打下坚实的基础。从已有的教育理论基础出发，根据学龄前儿童的思维特征，针对幼儿园的小班、中班、大班这三个年龄阶段提出具体的可实施的培养目标。按照不同的形式，"学思维"活动课程的培养目标将思维分成了形象思维、抽象思维和创造性思维。其中，形象思维作为学前阶段的基础，可以细分为培养儿童的观察能力、想象水平、空间认知能力三方面。抽象思维可分为抽象概括、比较、分类、类比、重组、推理。创造性思维以各种训练活动为主，如引导提出问题，解决问题，创设探究情境，提升故事创作能力，引导突破定式。具体而言，在不同的年龄阶段，这些具体的培养目标也会有所不同。

在小班阶段，形象思维的发展尤为重要，要持续培养儿童的观察意识及能力，充分引导儿童根据表象进行再造想象，同时提高儿童分辨方位的能力。在抽象逻辑思维上，小班的儿童该项能力较弱，因此只需要引导儿童根据事物的表象特征进行分类，让儿童根据图形进行简单的重组，从而学会简单地比较色彩、比较大小，对"比较"有初步的认识。在创造性思维上，由于该阶段儿童的表象储备还不够多，因此无法做过多要求。

在中班阶段，形象思维水平需要得到进一步提升，观察方面也有了新的要求，需要引导儿童按照一定的顺序、方向、要求进行观察；同时向儿童提出一定的任务要求，引导儿童进行新异性想象活动。在提升儿童空间认知上，可以引导儿童尝试玩儿较为简单的二维迷宫。在提高抽象思维能力方面，中班的儿童应当能够按照事物的功能及其他多种特点来进行分类。当面对一些较为熟知的事物时，儿童还可以根据简单的推理来表达事物的非本质特征。同时，该阶段的儿童比较水平也有了一定的提升，应当能够将事物的相同之处与不同之处都指出来。因此，对于一些日常生活中较为常见的事物，该阶段的儿童可以运用重组来发掘事物的更多功能，能够以事物的表面关系为基准点来进行相应的类比活动。在创造性思维上，针对中班的儿童，"学思维"开始有了具体的培养目标。首先，应当开发儿童提出问题的能力，启发诱导儿童通过简单的语句提出问题；其次，引导儿童自己寻找解决问题的答案，培养解决问题的思维意识，辅导儿童分析问题；再次，为儿童创设一定的探究活动，培养探究意识与能力；最后，开发儿童的创作能力，运用看图说话或根据故事结尾来续写故事的方式提高故事创作能力。

在大班阶段，"学思维"活动课程的培养目标也有了进一步的提升，开始培养儿童的综合运用能力。需要引导儿童在观察的同时运用比较多种思维方式；在想象时不再以接收任务的方式，而是以引导儿童独立思考的方式增强其进行更加丰富的新异性有意想象。同时，为了提高儿童的空间认知水平，引导儿童感受更加复杂的迷宫来提高二维空间认知水平。处于该阶段的儿童抽象思维能力继续发展，除了要继续培养儿童的分类意识外，还要针对儿童的推理水平提出更高的要求，即给儿童提出相应的任务或条件，启发儿童能够展开思考，一步步地发现事物的本质，从而最终得出正确的结果。在比较事物上，该阶段的儿童不仅应当具备发现事物相同点与不同点的能力，而且需要找出不同事物的相似之处；在重组的抽象逻辑上，将简单事物重组的能力也需要进一步提升，能够发觉事物的隐性关系并做出分类行为，例如将鞋子与袜子归为一类。大班阶段的儿童的抽象概括能力越来越强，此时需要培养儿童简单概括事物的能力，可以通过创设猜谜语活动来进行。在创造性思维方面，要进一步引导儿童优化提出问题的思维意识，从而更多地探究问题规律，提出"为什么"的问题；同时，还要提高儿童解决问题的能力，在解决问题之前引导儿童做出事先计划，并在解决的过程中根据计划来探寻计划的可实施性等众多方面，对自己提出的问题自发地进行探究。在此过程中，还需要帮助儿童突破思维定式，引导儿童运用非常规的方式展开思维活动，比如说出事物的非常规用途。在培养创造力上，可以从任务的角度完成简单的故事创作。

三、课程内容的选择与组织

在前文的"学思维"活动课程的培养目标中，培养目标在课程的实施当中需要被进一步细分化、微观化，将培养目标分解成一个个具体的学前活动课程的教育教学目标。要想真正实现"学思维"活动课程的培养目标，就需要将课程的内容视为重要的实现载体。同时，学前课程的内容也是教育与教学的根本素材。选择学前教育课程的内容要以"学思维"活动课程培养目标为基准，以培养目标为方向来挑选与组织学前课程内容。除此之外，在确定课程内容之时，仍然需要充分地考虑现实因素，即课程内容能否完成课程培养目标，以及能够完成的程度和效率如何。这就要求学前教育课程的选择与组织必须具备一定的有效性与科学性，所选择的内容不能跳脱于现实之外，而应当保障受教育对象的可持续发展，能够与学前学校的教育基本任务达到协调一致，并且能对社会发展产生实际的作用和意义。

对于不同领域的能力，胡卫平教授及林崇德教授在思维培养教育理念当中持有"不同能力之间具有相关性"的观点。因此，"学思维"活动课程的内容，应当从不同的学科及儿童的日常生活中进行选择。2001年，教育部发布了《幼儿园教育指导纲要（试行）》。该文件将幼儿园的教育内容划分成了五个不同的领域，分别是语言、健康、科学、社会、艺术。由此可见，学前教育阶段的"学思维"活动课程的内容将会从这五个不同的领域以及儿童的日常生活中进行选择，添加一些日常生活的内容。在选择学前教育课程的过程中，需要充分遵循几大原则，分别是趣味性原则、启发诱导性原则、全面性原则。其中，趣味性原则是指在选择学前教育课程内容时，应当挑选出学龄前儿童感兴趣的内容，让儿童在快乐的氛围中学习这些教育内容，充分激发儿童的学习兴趣，调动儿童的思考积极性。启发诱导性原则是指学前教育课程的内容要充分地发挥突破思维认知定式的作用，冲破儿童的认知界限，让儿童在教师的不断启发之下持续地进行探索、研究与思考。全面性原则是指学前教育课程的内容不能只是教授儿童单一领域的知识，而应当充分涵盖上述提到的五大领域及日常生活里的知识，并合理地分配这些知识内容的占比，做到科学地调整，帮助儿童最大限度地全面发展。

　　"活动课程"的核心，是指运用心理组织方法来完成的一种课程类型，学前阶段的"学思维"课程正是这样的活动课程。其将关注要点集中在发掘学龄前儿童的学习兴趣点、成长需求及实际成长上，并根据这些不同的维度来组织学前教育的课程内容。在学前教育"学思维"的活动课程当中，课程组织内容的重点是学龄前儿童，因此活动课程所教授的内容也一般围绕学龄前儿童自身的活动而展开，强调从学龄前儿童的实际经验出发，积累直接经验，从而增强解决日常生活中实际问题的能力，教师在这个过程中通常作为引导者、辅助者及顾问。由此可见，这样的课程组织方式给予了学龄前儿童更多的自主探究的机会，在自由的活动探索过程中，学龄前儿童能够充分地利用创设出的环境相互作用，从而发展出自己的思维意识与习惯。因此，"学思维"活动课程会对学龄前儿童的思维能力发展、动手能力发展及个性品质等多方面产生有益的影响。

　　不仅如此，"学思维"活动课程作为学前教育课程，并不是一个直线型的流水线课程，而是具有迂回性、系统性特点的螺旋型课程。也就是说，在课程展开的过程中，相关的教育教学教材将会在课程中的某些时刻重复出现，从而引导学龄前儿童在不同的学科里逐渐深入地学习各种知识。具体而言，这样的重复出现绝对不是单一的重复，而是具有螺旋上升式特征的系统性学习过程。随着学龄前儿童的年龄增长，儿童的身体与心智也在持续成长，而学习的过程也在不断深入，相对应地，学前教育训练儿童思维的方法及活动的难度也会随之升级。从课程区分来看，学前阶段的"学思维"活动课程可以分为针对基础能力开设的"基础能力训练课程"，以及为了增强学龄前儿童整合所学知识的"综合能力训练课程"。比如，在小班的课程安排中，针对培养学龄前儿童的观察能力层面，开设"影子捉迷藏""有趣的树叶""小蝌蚪找妈妈"等系列活动课程；为了提升该阶段儿童的想象能力，开设"小兔的连衣裙""豆豆粘贴画""今天我值日"等系列课程；为了培养比较能力，开设"大头儿子小头爸爸""多彩的石头""我们的好朋友"等系列课程；为了提高分类能力，开设"送礼物""有趣的图形""小小手"等系列课程；为了培养重组能力，开设"小房子""百变卡车""多变的七巧板"等系列课程。在中班的学期活动课程安排当中，"基础能力训练课程"里为了提高观察能力开设"苹果和梨""火眼金睛"等系列课程；针对培养推理与类比的能力开设"接着画画""正反立正"等系列课程；为提升想象能力展开"有用的报纸"创意活动等。而在"综合能力训练课程"里，为了增强该阶段儿童的创意意识与创新设计能力，开设"猫妈妈的勺子"等系列课程；开展"聪明故事沙龙会""化了没"等系列探究活动来培养该阶段儿童的故事创作能力；为突破儿童思维定式，从而提高提出问题的能力开展"夏天"活动课程等。

从活动的主要目的来看，"基础能力训练课程"是为了帮助学龄前儿童掌握一定的基础思维方式而进行的训练活动；而"综合能力训练课程"则是为了提高学龄前儿童综合运用知识，以及进行综合性思维能力的训练。[1]在实际的学前教育教学过程中，通常要以"基础能力训练课程"为基础，根据不同的思维方式展开多种多样的训练课程。而且，这些训练课程的前后排列也有一定的要求，并非无序排列，而要按照活动课程素材的难易程度、复杂程度、方法难易程度等来进行排序，做到由易到难、由

[1] 范书婷.关于我国学前教育课程结构的现状分析 [J].亚太教育，2016(5):135.

简到繁地排序。比如，在中班的"学思维"活动课程安排中，培养学龄前儿童观察能力的课程有"火眼金睛""苹果和梨"，这两节课的训练难度实际上是逐步增强的。具体而言，"火眼金睛"的课程素材只是单一事物，孩子们在观察物体时只需要将注意力集中在同一个物体上即可；而"苹果和梨"的素材要素增多，要求孩子们同时观察两个不同的物体，并进行比较，由于素材的增多，任务的复杂性也相应地增强了，因此孩子们将面临更高的注意力要求，从而提高能力水平。从另一个方面来看，这两个活动课程的训练思维方式也不尽相同。"火眼金睛"活动课程的目标是引导孩子们学习如何按照顺序来观察事物；而"苹果和梨"活动课程的目标则要求孩子们在已经掌握顺序观察的基础之上，再学习如何对两个不同的事物进行对比性观察。

第二节　学前教育课程实施与评价

一、研究设计

既然制订了学前教育课程计划，就需要让课程计划成为现实，并采取具体的实施措施，付诸实践。从关系的角度来看，课程的实施与课程计划之间是现实和理想的关系。一方面，课程计划如果付诸实践具体会发生什么，这些都要在具体的课程实施过程中才能得到答案，且需要经过一定的测量与界定。另一方面，在课程的实践过程中，根据偶发的问题要进行相应的及时调整，方案也需要及时整改与修订，如此一来才能确保课程计划对课程的实施真正起到有益的作用。

对于课程的价值观及课程实践的本质，不同的学者有不同的看法，而课程实施大致可以分为课程创生取向、课程忠实取向及课程相互适应取向三种不同的取向。

其中，课程创生取向，是指在课程的具体实践过程中将实施的过程当作创生的过程，由课程专家制订的课程计划并不会对课程的具体实施造成决定性的影响，而仅仅作为其中一种可供选择的工具而存在。课程创生取向认为，课程的内容实质上是一个过程，而非一个具有固定属性的产品。在教育过程中，所选择的课程内容应当是由教师在与孩子们交互之中逐步建构起来的。在课程评价方面，课程创生取向以"质的研究"为主。

课程忠实取向，是指在课程的具体实践过程中，实施者不会对课程计划做出任何修改，也不会提出不同意见，不会挑战课程计划的权威性，从头到尾都将忠实地按照课程计划来完成教育的全过程。在忠实取向中，课程被认为是教科书、学期课程、教案、指导用书等指导内容中有计划的内容，并且这些课程内容都将由课程专家团队来进行创造、选择与安排。在课程的具体实践过程中，持忠实取向观点的教师通常会按照既定的课程内容计划来安排课程，是课程计划绝对的忠实执行者。课程实施的每个具体环节都按照计划进行，彼此之间形成一个线性状态，而最终评价课程是否符合标准也将按照课程计划来评判，即最终的课程结果完成了预定的课程计划的占比如何。笔者认为，课程的实施应当将理论结合实践，并在执行的过程中持续地考量课程计划的优缺点，不断地针对问题进行改良与修订，从而让课程的具体实践达到更好的结果。因此，以"学思维"活动课程为例的学前教育课程主要运用了课程相互适应取向。

课程相互适应取向，是指在课程的具体实践过程当中，实施者会根据当前实际的教育教学情境、客观或主观环境的不同，从课程的实际情境需要相互结合的角度，将课程的内容、目标、组织结构安排等众多方面合理调整，灵活安排课程，尽可能地增大课程计划与实际的课程实施之间的适配程度。持相互适应取向观点的实施者认为，在具体的课程实践过程中，课程的具体操作将从客观及主观的教育教学环境出发，再结合课程计划。课程包含要素并非只有课程计划里所规定的教科书内容，而且包含学校、社会等各种情境因素。在相互适应取向中，由课程专家设计出的课程内容与教师在具体的教学情境中创设的课程内容是同样重要的，并没有孰轻孰重之分。这是由于学前教育教师是学前教育教学过程的真正实施者与参与者，教师在主动参与教育教学的过程中会根据实际的教学情境来对已经预定好的课程方案进行整改。因此，相互适应取向认为教师应当根据自身的教学经验及教育理念做出合理、积极的改变，以有助于学前课程更好地进行下去。在课程评价方面，相互适应取向相比于其他两种取向而言，并没有过多地关注课程实施的具体程度如何，而是将注意力集中在实施课程的具体情境中。由此可见，相互适应取向的评价方式是将课程的质与量结合起来进行研究。

从功能上来看，课程的评价主要可以分为几个不同的方面。第一，可以对需求进行评估，即课程的评价将根据学前教育对象的真实需求及社会大环境的整体需要来进行综合性评估。由此可见，这两种不同的需求来源会成为学前教育设计与开发的重要依据。第二，课程评价可以起到诊断的作用，即在课程的具体实践过程中，课程有一定的优点和缺点，而通过课程评价可以进一步地对课程的适合程度进行评估，并对课程内容的后续选择提供参考价值。第三，课程评价具有选择作用，即课程计划本身的适应性，可以根据这些方案来做出评价，从而挑选出更为适配的课程。第四，课程的评价能够对课程计划的完成程度进行评估。第五，课程评价能够对课程计划做出较为全面和整体的评价。在本次研究当中，主要关注的是针对课程内容而言，课程评价所起到的是诊断功能、修订功能、评估课程目标完成度功能。

如果从评价的性质及作用来对课程评价进行分类，则可以分为形成性评价和总结性评价。其中，形成性评价，即在课程的设计与开发的整个流程当中，对全过程做出持续性评价。通常由评价的主体先将每一个阶段的相关内容与资料进行搜集与整合，再根据下一步的工作环节提出具体依据。总结性评价则是在课程的设计与开发完成以后所做出的终结性评价。这种评价方式通常会在课程结束以后，通过量性的测量工具对课程做出最终评估。总结性评价的作用主要是为了在教育工作者选择不同课程时给出依据，或者在有关课程的宣传推广时期，根据总结性评价来分析课程的有效程度。在具体的实践过程中，无论是形成性评价，还是总结性评价，其实都并不具备非常苛刻的逻辑划分，因此在本次研究过程中，笔者将根据学前教育课程的特点，将形成性评价与总结性评价相互结合，避免单一的评价方式。

在本次研究中，笔者选用了教育实验法，并且根据有关的计划选取了相对应的研究对象，在控制自变量的同时，也做到了控制无关变量，最终将"质"与"量"的研究综合起来，共同完善学前教育课程计划及课程评价的效果。教育实验研究，是指研究人员以一定的教育理论与教育假设为基础，通过运用科学的实验原理及科学的方法，从而达到特定的教育措施的教育效果，并且在此过程中，做到人为地控制一定的变量，如控制教育的条件或教育的影响因素等，以此来获取教育相关的知识、检验实验理论，最终得到教育规律的一种研究方式。因此，教育实验研究是一种具有相对独立性的、社会属性的实践活动，它具备实验的本质特征，但是又和普通的实验不同。首先，教育实验研究的本质特点是其能够主动变革、自觉探索、主动发展、主动创新。其次，教育实验法与普通的实验方法多有不同，它是围绕教育而开展的实践，不单单是运用"提出假设"再"实验求证"的实验方式，研究的根本目的与一般实验不同。一般实验的主要目的是验证理论或假设，而教育实验法的首要目的是改良教育实践。

本次研究的目的共有两点。其一，希望通过教育实验来检验所设计的学前教育课程的内容是否合理，并根据实际的实验结果来对课程的内容进行评价、调整与修订。其二，针对课程实施之前与课程实施之后，运用定量评价的方法将实验班级与控制班级的每名儿童的学习情况记录下来，并检验实验班级的学龄前儿童创造力与控制班级学龄前儿童创造力之间的区别，从而检验课程是否具有提高学龄前儿童创造力的作用。

二、课程实施

（一）课程实施的开设方式

"学思维"活动课程的开设方式是以活动课为主，因此会在实验班级里每周开设一次活动。然而，因为幼儿园班级里的总人数较多，为了确保学前教育课程的教学质量，所以将一个班级单位的学龄前儿童分为了两个不同组，即分别给两组学龄前儿童安排"学思维"活动课程的教育教学，在每周周一上午和每周周三上午分别为两组学龄前儿童开设相同的活动内容课程。

（二）教学形式

在学前教育阶段的"学思维"活动课程采取协同合作式教学方式。协同合作式教学是当前世界范围内出现的一种新型教育理念，该理念是指由研究人员与专家、任课教师之间及相关所有人员共同组成的研究团队和其他搭档人员，朝着一个共同的教学目标，彼此之间形成合作教学的一种模式，它在共同评价课程、共同研究教学方法、共享教学计划与方案等各方面都有涉及。由此可见，运用协作教学的研究团队中涵盖了具备各种能力与专业方向的教育工作者，由他们自发地研讨将能够更好地帮助挖掘孩子们在学习过程中遇到的挑战与困难，并在持续探索之中提出切实可行的解决方案。在研究与实践的过程中，研究团队之间能够共同合作，持续改进、不断完善教育课程的设计方案并展开相对应的行动。因此，协同合作式教育不仅是一种教学模式，也是一个不断修正错误、逐渐完善的教育过程。具体而言，协同合作式教学并非仅仅依靠一位教师就能够完成教学任务，而是需要两位或两位以上的教育工作者进行合作，通过共同备课、共同实施教育教学工作、共同监管受教育对象的实际学习进度，才能确保计划中的学习目标得以实现，完成教学任务。在这个课程实施的过程中，教育工作者能够互相学习、互为补充，这极大地激发了教育工作者的教育兴趣，并为其专业成长提供了可能性与机会平台。

在"学思维"活动课程的研究过程中，研究团队的人员涵盖了多年研究"学思维"教育教学的经验团队人员及一线的学前教育教师。后者承担了课程实施过程中的教授任务，并根据"学思维"活动课程的教育理念、思维方式等来展开分工式教学，即在每个学期里，一位教师专门指导一种思维方法。举例来说，其中一种思维方法是"观察"，那么将由教师A担任全部有关培养"观察"的课程。这样安排的原因主要有两点。其一，是由课程的特征所影响的。"学思维"活动课程的学习内容实质上不是线型的，而是螺旋上升式的，因此不同的思维方法的训练模式是螺旋式递进，那么让同一位教师进行授课就更能把握好教学节奏。其二，因为"学思维"活动课程还处于实验性阶段，教师的授课能力还不够成熟，仍然处在需要不断探索、修正的阶段，如果让同一位教师授课，将有利于教师针对一个方面进行深度研究，并在多次实际的教育教学过程中发现问题及解决问题的办法，同时也可以加深教师对"学思维"活动课程教育思维理念的理解，从而让教育教学、课程实验都取得进步，以保障课程实施的有效性。

由此可见，幼儿园的教师除了需要承担一种思维方式的授课任务之外，他们同样是课程实验协作团队的成员之一，各个成员之间需要进行共同的深入探究，针对教案、教育教学方式展开积极讨论，对课程的教授程度与结果进行考察与评估。首先，在每一次的活动课程开展时，所有团队里的教师都应当亲临课程现场，做好听课和记录笔记的工作。同时，为了方便课后进行探讨，做好录像也是必不可少的一环。其次，教师团队通常会在每周的周四下午召开研讨会议。具体而言，研讨的内容将围绕本周上过的课程的教案，以及下周预备上的新课教案来展开。对下周的新课教案，会先由执教教师在会议上展示教案初稿，再由团队里的教师一起探讨教学目标是否合理、教学内容是否具有科学性、教具的选择是否有效、教学环节的设置是否需要改进、教学的方法是否选择得当、教学过程中可能会出现哪些问题及该如何解决等，通过研讨会议来进一步查缺补漏、完善教案。紧接着，教师团队会对本周已上过的课程展开探讨，先让执教教师阐述课后的自我评价与反思，然后其他任课教师通过各自的听课笔记提出优点与缺点，再针对缺点归纳出问题和解决办法，共同改进课程方案，从而完善方案，以便于在本周四再次进行授课。

同时，除以上所提到的研讨会议以外，协作教学团队还会每两周召开一次总课题研究会议，即课题组内的所有成员一起对两周内的课程进行统一研究。

学前教育教学的"学思维"活动课程专注于培养学龄前儿童的思维能力，所采取的方法也是层层递进的，遵循从基础到综合的流程。由此可见，学前教育的任课教师应当对不同类型及不同阶段的课程有充分的了解，而且也需要对不同的课程采取不同的教学方式，如综合创造性思维练习模式、解决问题练习模式及基础思维方法练习模式等三种练习模式。

第一种，综合创造性思维练习模式。在三种模式中，由于该模式是综合了不同的思维方法来进行综合性的练习，因此要求教师具备较高的授课水平，能够实施具有创造性的教育教学。具体而言，教学过程如下：第一个环节是"导入任务"，教师创设具体的任务情境，以此来激发孩子们的热情和挑战精神；第二个环节是"热身活动"，教师根据活动的任务来引导孩子们进行自由联想；第三个环节是"点拨和归纳"，教师在孩子们思考的过程中进行引导，总结思维方向，并将自由联想的结果进行归纳；第四个环节是"头脑风暴"，教师引导孩子们运用头脑风暴的方式多维度、多广度地进行深度思考，促进孩子们发散性思维的形成；第五个环节是"选优归类"，教师将孩子们发散性的思维结果进行归纳与总结，并与孩子们一起运用批判性思维讨论成果的适用性条件；第六个环节是"实现成果"，教师监督并加快孩子们实现成果的速度，而孩子们在这个环节将选择运用最适宜的方法来记录实践过程并展示成果；第七个环节是

"反思与评价"，教师在活动过程中从任务完成等多个角度来对孩子们的活动过程进行评价，并总结发散性思维的不同方向，为孩子们的思维进步进行点拨，孩子们则需要反思自己的思维过程并对思维心得进行总结；第八个环节是"巩固与迁移"，教师向孩子们发布课后需要完成的学习活动或任务，通过巩固活动课堂的内容来完成孩子们的思维迁移，让孩子们能够运用多种不同方向的发散性思维来处理课后及学习其他不同科目时遇到的问题与挑战。

在该模式下，各个环节的设置都需要考虑到学龄前儿童的年龄特点，设计出符合学龄前儿童的需求，且能够让学龄前儿童乐于接受整个教学环节。例如，在导入环节，创设出具体的教学情境的同时，也要为后续教授思维方法作铺垫，适时地运用能够引起学龄前儿童注意力和兴趣的方式来引出思维方法。在设置活动过程的各个环节时，也需要注意层层递进，让学龄前儿童从最初对思维方法产生初步的感知与理解开始，逐渐提升感悟能力，从而厘清自身思路，最终掌握基本的思维方法，以及获得与思维方法有关的其他相关知识。在评价与反思的环节，教师需要以严谨的态度回顾整个教学活动的全过程，充分体会课堂效果的优劣性，发掘出教学计划与实际教学之间的异同点，为后续教学的方法迁移打下良好的基础。

第二种，解决问题练习模式。这种练习模式注重的是步骤与方法，强调教师要教会学龄前儿童解决问题的步骤，并充分掌握解决方法。具体而言，教学的过程如下：第一个环节是"导入问题"，教师通过创设问题情境来提高孩子们提出问题的意识；第二个环节是"剖析问题"，教师分析问题的相关要素，然后运用启发法等多种方法来引导孩子们从问题要素的不同层面认真、细心地分析问题；第三个环节是"解法假设"，教师指导孩子们从分析问题的结果出发，运用发散性思维等多种方式来提出解决问题的办法；第四个环节是"提出假设并验证"，孩子们根据提出的解决问题的方法进行相应的实验或在生活中验证，在此过程中教师做出指导；第五个环节是"选出优秀的解决方法"，教师启发孩子们分析不同的解决方法的优点与缺点，将解决问题的各种方法综合起来，选择或得到较为完善的解决方法；第六个环节是"反思与评价"，教师总结出选择解决问题的方法的标准，并强调活动过程中一些需要注意的细节，起到技能提高的作用，孩子们则需要进行充分的反思，思考在活动过程中自己的思维变化并总结思维心得；第七个环节是"巩固并迁移"，教师根据所学内容布置一定量的课后任务，以促进孩子们能够主动建立起解决问题的思维模式，并在其他类似的情境或不同的情境中完成思维迁移。

第三种，基础思维方法练习模式。这种方法的重点如其名，是充分地注重教师借助一定的思维互动来指导学龄前儿童加强理解的一种思维方式。不仅如此，这种练习模式还有助于学龄前儿童的思维迁移。具体而言，教学的过程如下：第一个环节是"导入情境"，教师通过创设课程的活动情境，激发孩子们的学习热情和兴趣；第二个环节是"体会方法"，教师指导孩子们运用思维练习的方式，以促进孩子们对思维方式要点的理解；第三个环节是"总结方式"，教师帮助孩子们归纳出基础思维方法的要点；第四个环节是"反思与评价"，教师通过归纳与总结的方式阐述这种思维方法的要点，引导孩子们掌握活动，孩子们对思维的过程进行自我评价与反思，总结得出自己的心得；第五个环节是"巩固并迁移"，教师布置课后任务，发展孩子们的迁移能力，促进孩子们主动使用思维方法。

三、课程内容实施、评价与修订

如果要评价活动课程的内容选择、方法设计等各方面是否具备了合理性，需要采取的措施是观察、记录与写反思笔记等质性方式。其中，记录可以运用录像、记听课笔记等方式。下面，就将通过具体的案例来展示和说明"学思维"活动课程的研究过程。

（一）活动名称：化了没

该活动课程的活动内容是从学龄前儿童日常熟知的生活及科学知识中选择而来，主要目的是让中班的学龄前儿童的自主探究意识得到训练，从而进一步得到提升。

1.第一轮实施

由S老师介绍本次活动课程的设计与开发思路。

2.设计思路

"化了没"活动课程的主要活动内容是引导学龄前儿童通过亲自动手做实验的方式，寻找出"哪些物质能够溶于水，哪些物质不能溶于水"这个问题的答案，从而让中班的儿童能够初步地对"溶解"的概念有一定理解，并提高儿童的探究意识和发展解决问题的能力。在学龄前儿童的日常生活中，与水的接触非常多，例如洗手、洗脸、喝水等都与水有关。然而，通过进一步的观察可以发现，其实学龄前儿童对水的认知还是较为浅显的，仅仅停留在了解表面属性的阶段，只能大致知道"水是无色、无味的，有时凉、有时热，可以洗东西、可以用来喝"。

一般地，学龄前儿童平日里一定目睹过盐溶于水、奶粉溶于水、糖溶于水等现象，然而，因为在接触现象的过程中缺乏正确的指导，所以儿童并不明白这种现象就是"溶解"。《幼儿园教育指导纲要》中明确地表明了教育应当具有科学性，其中之一就是应当确保将课程内容与学龄前儿童的实际日常生活相互联系起来，将生活中熟悉的事物与常见的现象作为科学活动课程的内容取材对象。由此可见，将"溶解"现象作为本次活动课程中学龄前儿童探究的主题对象，有利于儿童理解现象的概念，激发儿童的学习兴趣，也有助于教师准备丰富的探究实验的材料，增强儿童对活动中各个材料的熟悉程度，让每一名学龄前儿童都能够充分结合自身的多种感官，探索用不同的方法来解决问题，不仅提高了学龄前儿童解决问题的能力，还能够较好地给予学龄前儿童释放好动天性的机会，让整个活动维持在快乐、有趣、民主的氛围中。与此同时，该活动课程将会运用生生合作的形式来开展，将学龄前儿童分组，每组五人，这样的人员配置有助于小组内成员之间相互学习与交流，进一步促进儿童合作意识的培养。不难发现，培养孩子们解决问题的能力与促进探究意识的生成是该活动课程的教学重点与难点。

具体而言，解决问题是有一定的程序的，从中班学龄前儿童的思维发展特征出发，该节课程共设置了以下几个环节。第一个环节是情境导入，即创设"小熊饮料店"开业并邀请小朋友去喝饮料来导入情境。这样的导入方式有利于激发儿童的学习兴趣，当儿童喝到不同口味的饮料时，启发儿童对"为什么有的水咸、有的水甜"的问题进行思考。之后，教师将展示糖被水溶解的过程，从而让儿童对"溶解"这一现象有初步的了解，为接下来让孩子们亲自动手做实验作铺垫。第二个环节是动手实验。这个环节的设置目的主要是提高孩子们的观察能力及在遇到问题时的解决能力。在这个环节开始之初，教师会先请孩子们思考问题"哪些物质可能会被水溶解，而哪些物质却不会"，并进行猜测，接下来再动手来验证自己的猜测。这个过程以隐性的方式教授学龄前儿童掌握一个基本的科学思维方式，即验证思维。在实验的过程中，教师将孩子们进行分组，有利于其合作意识的提高。同时，教师引导孩子们尝试对实验结果进行记录，培养学龄前儿童严谨、客观、细心的科学思维。第三个环节是心得总结，即对该堂活动课程中的部分进行回顾，并对解决问题的思路和方法做出综合性总结。随后，让儿童做拓展活动，即回到家后与父母或其他家人、朋友分享当天的实验，也可以与他们进行更多的"溶解"实验。这个过程也是对所学知识的一次强化过程。

针对教师对该堂活动课程的设计思路，教学团队展开第一次研究与讨论会议。在会议上，将就"实验材料的准备""记录表与器材的使用""教师提问的引导性"等多个不同的方面予以指导和建议，最终形成该堂课程的教案初稿。

3.第一轮课程实施后的研究与讨论

在第一次活动课程中，基本上完成了教学目标，但是仍然有一些问题待解决。首先，是材料准备的问题。在实际的教学过程中，由于并没有提前对溶解物和水的比例做出相应的要求，因此有些孩子们在水中倒入了超过溶解范围的糖，这时就出现了在较短时间内糖无法被完全溶解的现象。其次，在孩子们动手的环节中，教师对孩子们操作的指导作用不足，应当将更多的关注力倾注在操作上，尤其需要注意思维较为活跃的孩子及在具体的操作中遇到挑战的孩子，给予他们更多的关注与引导。最后，整个教学过程中，教师对孩子们思维活动的关注水平还需要提升，由于关注力不够导致在最终总结时忽视了孩子们的诸多想法。

在第一次课程实施过程中，不乏一些思维活跃的孩子，其中一名儿童D在将所有的物质都进行实验之后，对结果进行了相应的记录。在做完这些以后，他开始了进一步的探索，即将不同的材料混合起来。儿童D在做实验的过程中一直自说自话，同时还不断地将自己的一些想法表达出来。不仅如此，当儿童D与小组的同学遇到了实验困难时，他经过观察发现是因为对方将过多的糖倒进了水里从而导致糖没有充分溶解，随后他向同学提出了"可以用力搅拌"这样的解决方案。可以发现，类似于儿童D这样的并不是个例，孩子们之所以有这样的表现，是由于受教育个体能够全身心地投入活动课程中来，其参与度非常高，且在亲自动手实践的过程中，这类儿童也拥有更加活跃的思维状态。在这个时候，如果在授课的过程中，任课教师可以注意到这些思维活跃的孩子，而且在"心得总结"的活动中，教师可以引导这类学龄前儿童和大家分享自己的实验过程和想法，将会有利于孩子们之间互相碰撞出更多的火花。

4.第二次课程实施

经过第一次课程实施之后，教师对研讨会上的建议进行了课程整改。在课堂上对实验活动提出了用量要求，即每杯水中只倒入一勺物质。在儿童实验操作的同时，教师也更加注重观察学龄前儿童的思维活动，与思维较为活跃的孩子进行友好交流，进一步理解孩子的内在思维活动。与此同时，教师对遇到操作困难的孩子进行了重点引导。从最终的活动结果来看，整改过后改善最大的环节就是最终的心得总结环节。在这个活动中，教师着重关注孩子们的思维活动过程，并邀请几名幼儿分享自己在实验过程中的操作步骤、思考与想法。

5.第二次课后的研究与讨论

经过整改，第二次课程实施的实际效果要优于第一次活动课程。在课程的环节设置上，基本上没有需要改进的地方。在提问细节上，"如何有效发问，激起孩子的思维探索意识"成为本次研讨会的研究重点。提问的有效性将会影响到课堂的教学效果，这也是制约教师授课效率的一个问题。具体而言，课堂上设置的问题应当层层递进，逐步掀起孩子们的认知冲突。

经过两次活动课程实施与研究讨论会议，最终设计出较为完备、具有科学性和实用性的教案，以下为教案的具体内容。

（二）教学设计

知识与技能目标：提高学龄前儿童解决问题的能力水平。

过程与方法目标：通过教师引导、孩子自主合作、探究的方法，让孩子亲自实验探索不同事物的溶解能力，从而提升学龄前儿童的探究意识。

情感、态度与价值观目标：培养学龄前儿童勇于探索的精神，产生对科学的持久兴趣，发展自主、合作、探究的意识，提高解决问题的能力。

教具准备：根据班级人数准备奶粉、砂糖、盐、石头、油、沙子、果珍、豆子、小口杯子、透明杯子、勺子等物品；调制好的一杯盐水和一杯糖水；课件PPT；记录表和记录笔。

1.教学过程

（1）情境导入

以"小熊饮料店"的游戏导入课题。教师扮演一只想开饮料店的小熊，准备在开业的这一天请各位小朋友来店里做客，品尝免费的饮料。接下来请小朋友品尝糖水和盐水，并向孩子们提问："小朋友们，小熊饮料店的饮料好喝吗？你们知道它是什么口味的吗？"孩子们回答："有的甜，有的咸。"教师继续引导："为什么有些小朋友喝到的是甜的，有些喝到的却是咸的呢？"孩子们回答："甜水里加了糖，而咸水里加了盐。"教师接着提问："那老师为什么没有看到水里有糖或者有盐呢？"孩子们回答："因为化了。"教师将课堂内容引入接下来的溶解实验中。

（2）实验活动

环节一：教师做出示范，将一勺盐倒进水中，进行搅拌，引导孩子们观察会发生什么？孩子们发现盐不见了，教师顺势向孩子们讲解"溶解"现象的知识与概念。

环节二：教师引导孩子们运用实验材料进行实验。首先，教师在发放实验材料以后，启发孩子们先猜想，材料中哪些可以被溶解，哪些不能被溶解，并把猜想记录下来。其次，教师指导孩子们动手实践，来检验自己的猜想是否正确，并做好记录。最后，孩子们可以和大家分享自己的观察结果，并阐述自己的实验过程。

（3）心得总结

在这个环节中，教师带领孩子们一起回顾当天的课程内容，回顾做实验的具体步骤，再次强调和总结解决问题的具体方法与步骤。

（4）活动拓展

教师与孩子们进行讨论，强调亲自做实验的趣味性，启发和诱导孩子们思考还有什么事物可以被"溶解"，引导孩子们在放学回家以后和父母、朋友一起来实验，验证自己的猜想。

2.课程反思

教师在课程结束以后做自我反思：该次活动课程的主题为"溶解"，这是学龄前儿童日常生活中一个较为常见的现象，符合"活动课程内容的选择要与学龄前儿童的生活实际相联系"的要求。因此，该次课程的设计与开发有利于学龄前儿童理解"溶解"的概念。在课程当中，为学龄前儿童提供实验材料，如奶粉、盐、沙子、糖、豆子、油、石头等儿童生活中较为熟悉的事物，充分调动儿童学习的兴趣，营造更具活泼性、趣味性的课堂。在该次活动课程中，教师将水与其他物质结合起来，为儿童带来了全新的视野。同时，经过教师的指导，孩子们能够做出猜想，并亲自动手实验，这有利于提高孩子们运用科学的步骤解决问题的能力。与此同时，学龄前儿童在实验过程中，不断地观察不同物质倒入水中的现象并得出结论，也能够提高孩子们的观察水平。不仅如此，孩子们是以分组合作的形式进行实验的，因此在孩子们互相讨论的过程中，孩子们的思维进行了碰撞，互相促进与激发新的想法，能够让学龄前儿童在实验的过程中感受到合作的快乐。孩子们在活动过程中宛如一个个深入研究的小小科学家，充分地投入注意力，持续地交流、合作与探究，每实验完一种材料后，细心、及时地记录结果。孩子们在交流中迸发出新的思想火花，尝试更多的新想法。孩子们通过学习与亲自实验充分地对"溶解"的概念有了了解。因此，该节活动课程的设计与开发还是较为成功的。

在实际的活动课程进行过程中，通过对学龄前儿童学习表现的观察，可以发现孩子们不仅能够体会"溶解"的含义，而且能够发现如何让溶解的速度更快。有一些孩子通过实践发现加快搅拌的速度和增加搅拌力度就能让溶解的速度加快，个别孩子发现热水中的溶解速度比凉水中的快。孩子们持续的思维发展能够为教师的活动课程的进一步设计与开发提供方向。伴随着孩子们的持续发展，教师也需要不断地提升自己对孩子们思维发展的理解，从而能够指导孩子们更深层次地发掘和理解溶解的内涵。

从教师在活动课程以后的自我反思能够发现，教师在授课之后的持续探索也能够发展教育教学的能力。例如，在该次活动课程中，教师通过对课程过程的观察与反思，发现了"溶解"的新的教学灵感，为之后的活动课程提供了新的设计与开发思路。不仅如此，在"学思维"活动课程实验中，采取了不同的教师负责其中一种思维方式，这种做法将有助于教师更好地把控教学目标，也能够帮助教师提高自身的教育教学能力。

对该次活动课程的研究，能够反映出在过程中进行形成性评价的价值，评价是着眼于学龄前儿童在活动课堂当中的实际表现，从儿童的发展需要出发，教师与研讨会成员共同思考和探索，形成最后完整的教案。

四、课程效果的评价

从创造力的角度来看，课程效果有两种不同的状态。第一种是隐性状态，这是指主体的心理素质水平及行为能力水平都达到了能够生产出创造性产品的程度，却没有被激发出来，无法直接生产出能够直观感受到的创造性产品；第二种是显性状态，是指主体生产出了能够被直接观察的创造性产品。因此，以"学思维"活动课程为例，想要判断该学前教育课程是否能够对学龄前儿童的创造力培养起到有效的激发与促进作用，就需要采用定量记录的研究方式，运用问卷形式对被实验的学龄前儿童展开调查，测试其艺术创造力及创造性想象的水平，由此来评估学龄前儿童创作作品的创造力及想象力水平，并对记录的数据进行分析。

数据研究的工具主要是调查问卷。具体而言，调查问卷可分为创造性想象及艺术创造力的调查问卷。其中，创造性想象的调查问卷是由胡卫平编制的，他以托兰斯的图画创造性思维为蓝本，选用了量表中关于平行线与圆圈的测验。问卷中设置了30组相同形状的平行线，请被测验的学龄前儿童在此基础之上进行添加，绘画出多种多样的新奇纹样或图形，可以指代一定的现象或者物品，并为自己的作品取上新奇而有创意的名字。问卷采用量性评价，并对实验学龄前儿童的独创性、流畅性及灵活性这三个维度打分，最终得出分数之和。其中，独创性的打分依据是在总人数中，选择该答案的人数比例决定，如若比例大于10%，得0分；比例在5%~10%，得1分；比例在

5%以下，得2分。独创性的最终得分是将所有答案的独创性得分相加起来得到的。流畅性通过答案的个数来决定，灵活性则是指答案的类别。

艺术创造力问卷采用的是主题拼贴画形式。这种测试源自哈佛商学院教授阿马比尔（Teresa Amabile）于1982年的一系列实验，该次实验的主题是测试社会条件对艺术的创造力造成的影响。该调查问卷将会给予学龄前儿童一个主题，并引导他们运用所给的材料完成一幅粘贴画创作。具体的创作材料包含：一张A3大小的纸，一支固体胶，一套不同形状（圆形、正方形、三角形共三种形状）、颜色（五种颜色）、尺寸（四种不同大小）、图案的纸片。要求被测验的学龄前儿童以"家"为主题，运用发放的手工材料和工具创作一幅粘贴画。针对艺术创造力的问卷，阿马比尔提出了同感评分系统，这项技术需要7名受到过严格培训的心理学专业的研究生来进行打分评估。而艺术创造力问卷的评分方式也将采用这种评估技术。首先，需要让7位评分者清晰地了解到眼前的这些作品都是由一些学龄前儿童在15分钟内运用了哪些材料完成的。其次，要让评分者将现有的作品都浏览完毕以后再告知评分者本次问卷调查评分维度和具体的内涵。接下来，将评分者分开，让7个人单独进行评分，评分者要根据自己的理解和判断对学龄前儿童的作品进行评分，7位评分者之间不可以讨论，每评完12幅作品后再相互交换。最后，要将7位评分者的分数平均值视为最终的测试分数。其中，问卷评分的维度共有5个，分别是幽默程度、适宜程度、美感程度、独创程度、总体创造程度。此外，每一个不同的维度上还会有七点量表。7位评分者手上都会有一份名单，上面写明了被测试的学龄前儿童的名字及五个不同的评分维度和评分者姓名，评分者要把自己对各个学龄前儿童作品的评分记录在对应的名单上。

接下来，将对学前教育阶段的"学思维"活动课程的一些方面进行探讨。首先，从该课程对学龄前儿童的创造性思维及想象能力提升的作用等方面展开分析。思维与想象其实是相辅相成的关系，二者相互依存、密不可分。对思维而言，其活动的过程中离不开想象的参与；而对想象来说，进行想象少不了思维的参与。所谓想象，实际上是一种心理过程，是指想象的主体在言语或其他作用的调节基础之上，个体在头脑当中将已有的客观事物的表象进行结合、改造、再造等思维活动，最终形成新的表象。从想象的本质内涵中不难得出，在想象的过程中，其发生与发展都与表象和言语有关，丰富的表象及语言都能够起到调节想象的作用，而整个过程想要得以实现，思维活动是必不可少的条件。这是由于只有在思维活动进行中，才能够获取和运用表象。要想在头脑中进行想象，想象主体就需要拥有质量高、存量大的表象。然而，想要获取更多高质量表象的前提就要具备良好的理解能力。从本质上看，主体在理解客观事物获得表象的同时，主体就在进行积极的思维。由此可见，想象能力的提升离不开获取更多高质量、多样性的表象内容和材料，而获取过程又离不开思维活动。其次，思维具有间接性及概括性，能对有意想象起到作用。有意想象，是指主体有目的、有计划、有预测性地展开想象活动。由此可见，这一过程需要思维的概括性与间接性功能的参与。除此之外，思维具有抽象概括的功能，而想象是对客观事物的一种反映。主体能够从事物的角度进行符合客观事实的想象，从而将事物的内在规律及本质特征抓取出来，概括成具有普遍性、一般化的形象，这个过程体现出思维具有抽象逻辑性的特点。诚然，想象的过程要依托于思维过程来完成，而想象也将促进思维的发展。再次，从形象思维的定义来看，其与想象的定义较难区别开，形象思维的主要对象及材料是表象，并对单一或多种表象进行能动反映，对客观事物的本质、特征、联系与发展进行分析，而后再作用于客观世界。可以说，形象思维是一种独立的思维活动，和表象之间有着千丝万缕的联系。因此，发展想象能力也势必会对发展思维造成一定的影响。最后，思维活动需要材料与内容，而想象的发展会扩充内容与材料的数量及提高丰富程度。在启动想象的过程中，言语起到了中介的作用，所以由言语触发的想象也成了思维的一种内容或材料。因此，真正具有活跃度的思维，势必需要有想象参与其中。为了避免创造性思维的缺失及保障思维的完整性，就必须让想象参与思维。美国的心理学家乔伊·保罗·吉尔福特（J. P. Guilford）表示，创造性思维的过程应当包含两个不同的方面，即想象与问题解决，且想象的比重会随着创造性思维的作用时间、作用范围等持续增长。除此之外，美国还有其他的心理学家也认为判断创造力是否发展的重要指标之一就是想象。

学前教育阶段的"学思维"活动课程认为，在学龄前儿童的思维能力中，想象处于非常重要的地位，这一结论的理论基础是维果斯基提出的"最近发展区"。"学思维"活动课程以此结论作为出发点，结合当前我国学龄前儿童的思维发展特征，充分地分析了学龄前儿童三个不同年龄阶段的想象能力特点，并对大班、中班、小班的学龄前儿童提出不同层级的想象能力培养目标。具体而言，对于大班的学龄前儿童，培养目标主要是要引导学龄前儿童独立地进行有意想象，尽可能地对内容想象呈现更强的新异性与丰富性；针对中班的学龄前儿童，通常会安排一定的任务，通过任务来引导儿童展开比较有新意的想象；对于小班的儿童而言，课程将更专注于引导儿童进行再造想象。在"学思维"活动课程的内容设置上，为发展学龄前儿童的想象能力开设了活动类课程，比如，针对小班年龄阶段，开设"伞""小小魔幻笔""小兔的连衣裙""今天我值日""豆豆粘贴画""我的梦"等六个不同的活动。通过这些不同活动课程的设置，能够帮助学龄前儿童的想象能力逐级提升。与此同时，为了激发学龄前儿童的学习兴趣，"学思维"活动课程的内容选择及使用的材料都是与学龄前儿童的日常生活息息相关的。以活动课程"豆豆粘贴画"为例，该课程引导学龄前儿童运用日常生活中常见的五彩的豆子作为创作材料，根据自己的想象自由地创作。不难发现，豆子是学龄前儿童日常生活中所熟悉的事物，以豆子为创作材料，可以充分激发学龄前儿童的积极性，从而调动创造力思维的活跃程度。不仅如此，"学思维"活动课程是一个主张民主与平等的课程，课程期望营造出一个具有合作性与开放性的教育环境。因此，在"学思维"活动课程的课堂上，教师的教学态度尤为重要，而使用民主的教育教学方式则会为课堂营造出十分平等的和谐气氛，为学龄前儿童创设出一个有利于开发创造性思维的宽松环境，从而激发学龄前儿童大胆地表达自己的内心想法，通过鼓励与引导性的教学方式给予儿童支持，引导儿童能够大胆地提出问题、做出猜测与假设，而教师则针对问题给予及时性的启发诱导及积极反馈。如此一来，将会为学龄前儿童创造出能够大胆想象的安全环境。从教学互动上来看，"学思维"活动课程作为一种学前教育课程，十分强调课程要保持互动性。在课堂上，不仅注重教师与孩子之间的互动，而且注重孩子们之间的互动。在这种多方互动的过程中，各主体之间能够相互启发，碰撞出许许多多超出课程计划预期的火花，从而拓宽了学龄前儿童的思考角度，起到开阔思维视野的作用。从相关的实验结果中可以看出：第一，经过为期一年的思维培养实验以后，实验组与控制组班级内的学龄前儿童的测试结果有着非常明显的差异，即在创造性想象能力中，前者的灵活性（$p < 0.001$）与流畅性（$p < 0.001$）两个维度都有着极为显著的不同。从灵活性与流畅性的数据结果分析，控制组的学龄前儿童的想象角度及想象广度都要逊色于实验组的学龄前儿童。由此可见，"学思维"活动课程的课程安排及活动训练能够帮助学龄前儿童提升想象力，使之在较短的时间之内想到数量更多、内容更丰富的事物。不仅如此，因为"学思维"活动课程更注重孩子与孩子之间、教师与孩子之间的互动，所以实验组的学龄前儿童在想象角度上也呈现出数量更多的特点。第二，在独创性（$p < 0.01$）与总体创造性（$p < 0.01$）上，实验组的学龄前儿童比控制组的学龄前儿童在创造性测验中有更好的数据结果。这就表明，经过了"学思维"活动课程的学习与训练，学龄前儿童运用想象得到的答案更具创造力、独特性与新颖性。因此，学前教育阶段的"学思维"活动课程的确能够提高学龄前儿童的创造性想象能力。

在艺术创造力方面，学前教育阶段"学思维"活动课程能够对学龄前儿童起到正向的影响。对艺术创造力的研究，早期的学者都是根据领域的差异性特点来进行区分，将艺术领域的创造称为艺术创造力，其中包括7个方面，分别是电影、舞蹈、音乐、艺术、文学、混合媒体、戏剧。专家认为，只有少数人才具备艺术创造能力与艺术特质。然而，伴随着创造力的领域越来越普遍，且对领域特异性的讨论声音越来越大，艺术创造力的内涵也得到了进一步扩张。学者逐渐改变了对艺术创造力的态度，从认为艺术创造力是一种独特的能力、只有一小部分人才能够具备，逐渐转变到认为每一个个体其实都具备艺术创造力的潜能及创造能力。观点上的变化，让学者重新对艺术创造力进行了定义，即所有的个体都具备的，可以生产出具有较高审美价值、有意义、有创造性的产品、观念，或能够解决艺术难题的能力。由此可见，学龄前儿童毫无疑问也具备艺术创造能力及创造潜能。不仅如此，从学龄前儿童的心理发展规律来看，在学龄前儿童的幼儿学习时期，艺术类的活动其实占据了很大一部分比例。在幼儿园的课程当中，最为普遍的就是展现艺术形式的课程。因此，发展学龄前儿童的艺术创造能力是促进儿童创造力持续发展的重要途径。从相关的研究中不难看出，从人格所具备的特征的角度来看，拥有更高的艺术创造水平的人要比艺术创造水平较低的人更喜欢幻想，更乐于去发现与拓展新的事物与体验，更喜欢想象，更具有独立性，更容易对标准产生怀疑。

　　学前教育阶段的"学思维"活动课程的教学理念以创设问题情境为重点，运用这种方式来创造出孩子的认知冲突，从而激发孩子们的学习兴趣，提高孩子们的学习动机水平。在教学互动中，活动课程注重孩子与孩子之间、教师与孩子之间的充分交流与互动。提高学龄前儿童的学习动机水平将会贯穿于整个学习活动的过程当中，教师将会持续地鼓励孩子们去积极探索与发现新的方式或方法，引导学龄前儿童在遇到问题情境时充分调动自主性，积极面对困难与挑战，大胆探索与发现，从而获得新的体验。与此同时，"学思维"活动课程还强调课堂内容要与生活实际联系起来，通过创设出一些"两难的情境"，引发学龄前儿童的认知冲突，调动儿童的求知欲望，增强解决问题的动机，启发和诱导学龄前儿童在活动与探究过程中对问题进行分析，持续地发掘解决方法，从而最终学会知识、领悟到方法、发展各项能力。除此之外，"学思维"活动课程十分重视孩子们在学习过程中的地位，真正地将孩子们看作学习的主体，在活动课程中充分给予孩子们独立思考的机会，教师充分地使用启发与诱导的引导方式来指导学龄前儿童，以此来培养学龄前儿童在遇到困难的时候能够保持独立性，积极地展开思考。"学思维"活动课程还非常重视民主与平等，希望营造出有利于发展孩子们独立思考的能力、大胆质疑并提出假设的课堂氛围。

通过对实验过程的观察及实验结果的分析不难看出，实验组班级的学龄前儿童在体验过为期一年的思维培养实验之后，在最终的艺术创造能力测试中的表现要明显优于控制组班级的学龄前儿童，尤其在美感性（$p < 0.001$）与适宜性（$p < 0.001$）上有着极为明显的区别。造成这种结果的原因是"学思维"活动课程更加注重作品的美感性与适宜性，因此在活动课程培养内容的选择与教学方法等一系列方面就会更加关注提升学龄前儿童的审美能力。以"有用的报纸"一课为例，在该堂活动课程上，由教师引导学龄前儿童利用日常生活中常见的废旧报纸来进行自主的动手操作，用变废为宝的方式来调动学龄前儿童的创造能力。在完成作品以后，教师对孩子们的作品进行综合性评价，并引导孩子们从作品的美感方面、实用性、新颖性、简洁性等多个角度进行互评与分析。同时，实验组班级的学龄前儿童的独创性（$p < 0.01$）与总体创造性（$p < 0.01$）也要明显高于控制组班级的儿童，"学思维"活动课程的培养目标是促进学龄前儿童的创造力发展，由于每个不同的活动课程都贯彻了这一目标宗旨，因此接受过课程训练的学龄前儿童势必在创造力水平上能够有所发展与提升。不仅如此，在幽默性（$p < 0.05$）的维度上，二者之间也有着较为明显的区别。相比控制组班级的学龄前儿童，实验组班级的学龄前儿童拥有更高的幽默感，这实际上是与"学思维"活动课程的课堂氛围有关，课程

十分注重为学龄前儿童营造出民主与平等的课堂，在和谐、愉悦和安全的课堂氛围里，明显会更有利于发展学龄前儿童的幽默感。由此可见，"学思维"活动课程可以起到培养学龄前儿童艺术创造力的作用。

综上所述，根据分析与研究可以得出：学前教育阶段的"学思维"活动课程能够促进学龄前儿童的创造性、想象能力及艺术创造力的发展，并且能够起到明显的增益作用。

第三节　反思与总结

在进行学前教育课程的设计与开发的过程中，一味地进行挖掘与拓展容易盲目，因此进行一定的反思与总结将会对下一步的工作带来更加有益的影响。下面，笔者将从几个不同的层面来分析当前"学思维"活动课程设计与开发当中的经验及不足之处。

一、学前教育课程开发的经验

对于学前教育课程而言，设计与开发的主力军就是课程的开发主体，开发新的园本教材对课程的发展起到了十分重要的决定性作用。对于"学思维"活动课程而言，课程的开发主体并非只有一个人，而是非常多元化的。具体而言，活动课程的开发团队主要是由专家团队、幼儿园的领导与教师、教育行政部门的研究员与领导等共同组成的。

其中，课程专家是整个课程开发主体的核心，在设计与开发学前教育课程的过程中起到把控课程全局、课程整体理念的作用。在确定指导课程设计与开发的理论基础、制订课程设计与开发的具体计划、安排课程的结构等其他重要环节中，课程专家都起到了重要的指导作用。

在"学思维"活动课程的研究过程中，课题组的工作人员都经过了课程专家的专业培训，了解了"学思维"活动课程的理论，并且对于设计与开发课程过程中的每一个环节都有充分的认识，在整个过程中都接受了有效且及时的指导。

与此同时，要想做好学前教育课程的设计与开发，教育行政部门的理解与支持是绝对少不了的重要助力。有了有关部门的积极配合，课程设计与开发的过程才能够更加顺利地进行下去。从物力资源的角度来看，教育行政部门会为做实验的幼儿园提供一定的资金支持。从师资力量上看，教育行政部门也会围绕课程的设计与开发开展相关的交流活动，给予学前教育工作者更多的提升机会，增强教育工作者对课程设计与开发相关理论的理解，提高教育教学的积极性，提升教育理论素养，从而引导师资水平的提升。以深圳市龙岗区教师进修学校为例，它与教育行政部门的学前教育教研室为两所实验幼儿园提供了教师学习机会，即多次开展了"学前教育阶段'学思维'活动课程观摩课"活动，不仅促进了不同幼儿园教师之间的交流，也进一步地提高了"学思维"活动课程的传播力度。

在学前教育课程的设计与开发过程中，最终的课程结果是否具有有效性需要经受充分的实践检验，由此可见，幼儿园在课程设计与开发的过程中也起到了非常重要的作用。在学前教育课程的实际实施中，以幼儿园园长为首的领导队伍会对园区内的实际情况进行分析，分析的范围包括但不限于幼儿园本身的人力资源、物力资源、幼儿园发展方向等，在综合考虑以后才会决定是否要以积极的心态参与某个学前教育课程的设计与开发。因此，对于学前教育课程的发展而言，只有幼儿园的领导队伍注重课程的设计与开发，清楚地认识到课题研究的价值，才能够在分配师资力量、安排实验课程、调整课程资源等方面做到科学安排，以此来确保课程研究的顺利进行。

　　教师作为学前教育课程的直接实施者，同样在课程设计与开发的主体中占有一席之地，他们不仅拥有丰富的一线教育教学工作经验，而且由于长期与学龄前儿童相处，更加了解学龄前儿童的心理。因此，要想顺利地完成学前教育课程的设计与开发，就需要充分地激发教师的兴趣，让他们能够主动参与课程设计与开发的行列。除此之外，学前教育课程毕竟是为学龄前儿童而开发的，因此，学龄前儿童作为教育课程的受众群体也拥有一定的发言权。然而，由于学龄前儿童的心理、智力发展还有待提升，处于发展阶段，很难让他们直接对课程的设计与开发中出现的问题提出自己的想法。为了解决这个问题，便可以在实施学前教育课程的过程中充分地与学龄前儿童相处，认真观察、多多交流，从不断感知与探索中发掘学龄前儿童的真实需求，并持续地完善学前教育课程设计与开发的计划。

　　在实际的设计与开发学前教育课程的过程中不难发现，其实教师为了课程的成长做出了巨大的贡献。教师作为学前教育课程中的一线实施者，在实际授课过程中能够更清晰地发现课程中存在的问题。因此，在设计与开发学前教育课程时要充分地发挥好教师的作用，采取各种各样的方法来激发教师参与学前教育课程开发的兴趣，调动其参与的积极性，引导教师提升教育专业技能。

　　在实施课程之前，要先在幼儿园内发起自愿参与的通知，并在愿意主动参与的教师当中选择教学水平更强的教师。紧接着，要由课程的研究团队及专家团队向教师阐述"学思维"活动课程的理念，将相关的理论基础、设计与开发的思路流程、教育教学的原理等有关的内容传递给教师。在进行一系列的培训以后，教师此时就已经对"学思维"活动课程有了充分的了解，并且能够以更加全面、科学的角度来整体看待课程开发。

　　在课程实施过程中，要围绕学前教育课程成立相应的大课题组及幼儿园园内的课题组，充分利用好实施机会，在实践过程中对课程的开发进行更深度的研究，在不同的课题组内形成良好的研讨氛围。一般而言，大课题组的研讨周期是定期一个月一次，在会上要根据当月的实际教育教学情况，参与者对该阶段出现的问题或经验等进行讨论。幼儿园的园内课题组的会议召开要更频繁一些，通常为每周开展两次。其中，第一次将会对新的教案展开讨论，第二次则会根据运用教案教学以后发生的问题进行探讨。从教师的能力成长来看，参与这样的研讨课题组，无疑是提升教育教学技能的重大机会。参与课程开发的教师能够通过持续地相互授课、听课，发现自己或其他教师在教育教学过程中未能够发现的问题，并且得到解决方案。教师与教师之间相互提出授课建议，在未来自己的授课中也一定会避免犯同样的错误。在课题研讨会上，众人可以采用头脑风暴的方式一起互相启发，持续地让思维保持在活跃的状态，激发创意与想法，让更多有用的内容涌现出来。不仅如此，课程开发专家也可以在课程的实际开展过程中进行随堂听课，并对授课教师做定期培训，在教师对相关课程的理念及细节上理解不到位或较难把控的时候做出及时的调整，这样不仅能够保证课程开发在正确的方向上，而且也可以确保教师的疑惑能够及时得到解决。与此同时，增加教师之间的互相交流及互相观摩课程的活动，让更多的优秀教师将自己的优秀课程案例展示出来。更多的展示机会也会激发教师的参与积极性。在学前教育课程设计与开发的初始阶段，大部分的教师其实是有些力不从心的，这是由于他们对相关理论基础的了解程度还不够高，对"学思维"活动课程的理解还不够深刻，对课程的设计与开发的理论知识没有全面又整体的认知，在通过持续的专家培训，经过专家亲临听课并给予现场指导之后，教师慢慢地对相关的理论知识有了深刻的理解，也明确地了解到该如何具体、正确地实践这些教育理念。在过去的学前教育课程中，教师的教学一般是以讲授为主导，将传授学龄前儿童不同的知识作为授课主线；在以"学思维"理念为核心的活动课程中，教师将更新自己固有的教育教学理念，将过去的"教学生知识"转变为"教学生学会学习"，教师要将学龄前儿童看作学习的主体，不再只是死板地传授孩子们知识，而是教给孩子们方法，引导学龄前儿童学会思考，并学会为自己发声。这个转变需要一定的时间，对教师来说是一个挑战。因此课程专家需要持续地听课，并参与课题研讨会，逐渐地扭转教师过去的固有思想。就目前而言，学前教育教师通常可以在课程结束以后进行自我反思，当发现出现一些问题时，也能够清晰地感受到自身的教育观念在发生改变，但是在使用教学的方法上仍然需要努力。经过一定时间的课程培训及课题研讨之后，学前教育教师就能够根据具体的教学情境来选择课程内容，并且完成设计教案的修订与具体实施。不难发现，让学前教育教师参与学前教育课程的设计与开发并非无法实现，只要采用正确的激励与指导方式，教师的能力水平也将不断提升，其课程设计与开发的能力也会增强，并为学前教育课程的设计与开发贡献良策。

对学前教育课程设计与开发而言，整合国内已有的相应课程资源是非常重要的。在整个学前教育课程的设计与开发的过程中，确立课程目标、组织课程内容、实施课程、评价课程等众多的相关环节里可以运用的一切自然资源、人力资源、物质资源都属于课程资源。从内容上看，课程资源包含的范围较广，只要是能够帮助学龄前儿童提高素质的各种资源都可以涵盖在里面，小到教材，大到家庭、学校、社会。在学前教育课程的设计与开发过程中，要充分运用好一切可以利用的课程资源，并将这些以科学的方式整合起来。如此一来，不仅能够帮助幼儿园减轻人力资源与物力资源的负担，而且能够提高学前教育工作者对新课程设计与开发的理解。以深圳市龙岗区平湖街道幼儿园为例，该学校就是"学思维"活动课程的开发研究幼儿园，"环保教育"就是该校办园的一大特色，而研究也恰好利用实验班在做环保主题。在中班的"学思维"活动课程中，开展的"有用的报纸"活动就是引导学龄前儿童利用废旧报纸，通过发挥各自的创意想象，借助各种手工工具来做出成品，该过程较好地培养了儿童的想象能力、创造意识、观察能力及动手能力。在开展活动课程时，将环保主题与科学课进行了结合。因此，从物力资源的角度而言，这一活动课程较好地实现了废物利用、就地取材的目的，为学校及教师减轻了物力资源的负担。"报纸"作为日常生活中的物品，是学龄前儿童较为熟悉的事物，用报纸来"做文章"也是儿童熟悉的主题，儿童能够迅速地产生学习兴趣，积极投入活动课程中来，这也有利于儿童展开创造与想象。对于学前教育工作者们来说，在平常的普通学前教育课堂及思维课堂上，教育教学的风格多有不同，因此可以帮助学前教育工作者对学前教育理念产生新的理解，对过去课程里的错误观点进行修正，更新教育理念。

二、学前教育课程开发的不足与展望

虽然本次研究现已经获得了不错的成果，然而，仍然有诸多不足之处，针对这些问题也需要进行更多的深入探究。

首先，学前教育课程的设计与开发实质上并非一日之功，而是一个极为漫长的过程，尤其当最终的结果是需要完成一整套具有科学性、全面性的教材时，更是需要时间来进行实践检验。因为时间上的不足，本次研究没能够达成预期的研究目的，即完成一套完整教材。但是，通过未来更深层次的持续研究，相信通过持续不断的工作、实验、修订等完成能够成功落地实施的教材，以此来帮助学前教育工作者更高效地完成教育教学工作。其次，当前学前教育工作者的积极性欠佳是一个待解决的问题。因为学前教育工作者的日常工作非常忙碌，且极为琐碎，在上班时已经精疲力竭，闲暇之余也就很难抽出更多的时间进行学习来充实自己，如果强行增加学习任务，无疑会增加教师的负担。这样不但会引发学前教育工作者的反感，也会影响到实际教育教学工作的正常开展。因此，为了促进学前教育课程的设计与开发能够顺利进行下去，提高学前教育工作者的积极性是一个值得去探究的问题。最后，学前教育课程的评价体系也有待完善。当前采用的是定性研究，取得了正向的课程评价结果。然而，由于时间上的限制，并未对质性研究进行充分、长期、连贯和深入的研究。

对学龄前儿童而言，得到创造力的培养对其人生发展具有十分重大的积极作用，希望能够通过对"学思维"活动课程的设计与开发来为学龄前儿童的发展提供帮助，也期望未来能够有更多的学前教育工作者一同加入这个大家族当中，一起探索，为学龄前儿童的成长做出更多的努力。

参考文献

敖敦，2020. 学前教育专业课程的教学现状及策略分析研究 [J]. 黑龙江教师发展学院学报，39
（1）：54–56.

范书婷，2016. 关于我国学前教育课程结构的现状分析 [J]. 亚太教育（5）：135.

方杰，2016. 试论学前教育课程的改革创新 [J]. 赤峰学院学报（自然科学版），32（11）：
199–200.

冯永刚，刘浩，2009. 学前教育 [M]. 济南：山东大学出版社.

傅渊，刘超洋，2022. 五年一贯制学前教育专业"行为课程"设置探究：基于张雪门"行为课程"
思想实践 [J]. 陕西学前师范学院学报，38（6）：58–66.

江盼，张宝臣，2016. 近十五年来我国学前教育课程开发热点研究述评 [J]. 浙江工商职业技术
学院学报，15（3）：81–86.

姜静，2019. 混合式教学在学前教育理论课程中的应用分析 [J]. 教育教学论坛（51）：259–
260.

康卫忠，2018. 学前教育回归生活化课程应用初探 [J]. 中国多媒体与网络教学学报（中旬刊）（8）：
60–61.

赖文芳，2020. 工作过程系统化视域下的学前教育课程考试改革探析 [J]. 高教论坛（5）：41–
43.

乐欣瑜，2020. 澳大利亚推进学前教育普及 [J]. 世界教育信息，33（7）：77–78.

李颖，2017. 学前教育课程实践与存在的问题：评《当前我国学前教育事业发展面对的主要问
题及政策导向》[J]. 中国教育学刊（5）：149.

林锦忠，2020. "互联网 +"视域下学前教育课程的信息化建设 [J]. 林区教学（6）：118–121.

刘芳梅，2021. 广东省幼儿园体育师资培养现状、问题及对策 [J]. 体育科技文献通报，29（11）：
36–38.

刘娇娇，2020. 学前教育教师课程创新研究 [J]. 经济研究导刊（6）：120–121.

陆青雯，2016. 面向学前教育的主题微课程开发研究 [J]. 中国电化教育（11）：134–137.

马宋乐，2023. 英国学前教育质量保障体系研究 [D]. 上海：上海师范大学.

欧吉祥，2020.《2018 年澳大利亚儿童早期发展普查国家报告》评述 [J]. 世界教育信息，33（7）：
61–67.

潘秀萍, 2016. 以幼儿发展为本的学前教育课程建设研究 [J]. 开封教育学院学报, 36（11）: 254-255.

孙畅, 2020. 学前教育课程设置对幼儿教师专业发展的影响 [J]. 辽东学院学报（社会科学版）, 22（6）: 122-126.

谭乐园, 高艳霞, 邓如清, 2020. 学前教育专业中华优秀传统文化主题课程实践 [J]. 高教学刊（28）: 75-77+81.

田景正, 2019. 改革开放 40 年我国学前教育课程改革的考察 [J]. 教育科学研究（5）: 60-65.

王芳, 2018. 学前教育课程改革的文化审视: 价值取向和实践路径 [J]. 教育学术月刊（2）: 105-111.

王和, 2017. 浅析幼儿园教改背景下的学前教育专业课程设置 [J]. 才智（18）: 161+163.

王蜜蜜, 王小丁, 2018. 近四十年我国学前教育课程模式演变研究的文献综述 [J]. 西部素质教育, 4（9）: 125-127.

王秀萍, 汤凤霞, 2019. 70 年来我国学前教育课程改革的历史回顾与反思 [J]. 上海教育科研（12）: 31-36.

王杨, 侯伟新, 2018. 新时代学前教育专业特色课程研究 [J]. 长春师范大学学报, 37（11）: 144-148.

吴志勤, 2020. 产教融合背景下学前教育专业课程教学研究: 评《学前教育原理与实践》[J]. 教育理论与实践, 40（24）: 2.

武玮, 2016. 学前教育课程理论对学前教育教学的影响: 评《学前教育课程论》[J]. 新闻与写作（10）: 130-131.

向海英, 2017. 课程标准化: 学前教育质量提升的保障或藩篱: 评《美国学前教育课程标准的实践与思考》[J]. 中国教育学刊（4）: 127.

许倩倩, 2020. 澳大利亚学前教育市场化改革: 背景、历程与镜鉴 [J]. 学前教育研究（4）: 3-10.

薛莉, 2016. 学前教育专业课程设置优化路径探究 [J]. 中国培训（20）: 122.

闫琳琳, 2020. 新西兰学前教育本科课程设置与实施研究 [D]. 大连: 辽宁师范大学.

杨婕, 2021. 专业认证背景下学前教育课程体系的构建 [J]. 太原城市职业技术学院学报（3）: 77-79.

杨雷静, 2021. 近十五年我国农村学前教育研究综述 [J]. 科教文汇（下旬刊）（11）: 24-26.

杨莉君, 曹莉, 2011. 中部地区农村学前教育事业发展存在的问题及解决对策 [J]. 学前教育研究（6）: 21-26.

尹国宾, 2018. 关于目前学前教育课程政策的思考: 来自苏格兰的启示 [J]. 陕西学前师范学院学报, 34（10）: 104-107.

尹洪洁，2020."互联网+"时代的学前教育专业核心课程教学改革初探：以学前儿童科学教育课程为例 [J]. 教育观察，9（32）：91-93.

曾继萍，2020. 浅谈学前教育课程游戏化面临的困境与应对 [J]. 科技资讯，18（34）：113-114+117.

张加欣，文雪，2021. 农村学前课程开发的知识选择：内涵、特征及策略[J]. 教育观察，10（4）：58-60+90.

张丽娟，2022. 学前教育的生态取向及发展趋势 [J]. 环境工程，40（4）：331-332.

张茂聪，2017. 教育改革与实践：美国学前教育课程标准的研究：《美国学前教育课程标准的实践与思考》评介 [J]. 山东社会科学（5）：193.

张雪萍，2016. 学前教育"保教并重"原则的反思与重构：评《学前教育课程论》[J]. 中国教育学刊（9）：145.

张宇，2020. 英国现行学前教育课程设置的内容及启示 [J]. 教育观察，9（40）：134-137.

张宇. 英国现行学前教育课程设置的内容及启示 [J]. 教育观察，2020，9（40）：134-137.

赵顺彩，2018. 对新修订的新西兰学前教育课程纲要《编席子：学前课程》的研究 [J]. 兵团教育学院学报，28（5）：79-84.

郑启云，2020. 实践取向的学前教育专业教育类课程课堂教学改革 [D]. 长沙：湖南师范大学.

邹莹，2021. 英国学前教育理论"专业的爱"视阈下的幼儿教师职业情感认同 [J]. 济南职业学院学报（5）：80-82.

EKICI D I, 2017.The use of Edmodo in creating an online learning community of practice for learning to teach science[J]. Malaysian online journal of educational sciences, 5(2): 91-106.

HASCHER T, DO M L, ZORDO L D, 2022. "Cooperation with a peer in practicum is nice but teaching alone makes me feel I am teaching for real real." How pre-primary and primary student teachers experience single and paired field placements[J]. Zeitschrift für Bildungsforschung, 12(2):235-253.

INPARAJ C , 2016.The role of english language awareness in the enhancement of rural development[R]. 3rd International conference on social sciences.

KAARIA J K , 2006.Teacher related factors influencing use of instructional resources in teaching reading skills in pre-primary schools in Imenti North Sub-County, Kenya[J/OL]. http://ir-Library. ku. ac. handle/123456789/2006/.

MAUDE K, ALLEN M , 2017.Barriers to success for Black and Minority Ethnic (BME) student teachers in undergraduate initial teacher training programmes in England [R]. 8th TEAN Conference. Thinking deeply about teacher eduction(5):11-12.